종교문해력 총서 5 원불교

일상에서 찾은 원불교의 영성

소태산이 밝힌 정신개벽의 길

종교문해력 총서 5 원불교

일상에서 찾은 원불교의 영성

소태산이 밝힌 정신개벽의 길

장진영 지음

불광출판사

일러두기

• 책에 실린 모든 도판은 원불교기록관리소에서 제공했습니다. 출처 표기나 설명이
  틀린 부분이 있을 경우, 연락 주시면 재쇄 시 수정하겠습니다.

이제 종교문해력이다

인류 문명사에서 오랜 기간 종교는 삶의 나침반이었고, 절망의 시간에는 희망의 등불이었습니다. 그러나 오늘날과 같은 다원화된 세계, 다양한 문제들이 등장하는 시대에 종교의 역할은 제한적일 수밖에 없습니다. 과학과 인문적 지식으로 계몽된 세계에서 사람들은 종교가 개인과 사회의 모든 문제에 답을 줄 수 있다고 기대하지 않습니다. 종교에 대한 믿음의 방식과 내용에도 적지 않은 변화가 일어나고 있습니다. 오늘날 종교는 더 이상 초자연적 신(神)이나 '절대자'에 대한 믿음에만 국한되는 것이 아니며, 종교적 가르침은 세속에서의 '좋은 삶' 곧 개인과 공동체의 안녕과 행복이라는 가치의 문제로 전환되고 있습니다.

전통적 종교관의 변화와 함께 최근 10여 년간 '종교를 믿는' 신자(信者)의 숫자도 급감하고 있습니다. 이른바 '탈종교 현상'입니다. 이를 두고 일부 학자들은 '종교 없는 삶', '신(神) 없는 사회'를 섣부르게 예견하기도 합니다. 그렇지만 탈(脫)종교, '종교를 떠난다'는 것이 곧 유물론적 세계관으로의 전환이거나 물질적 욕망만을 추구하는 삶으로 향한다는 것은 아닐 것입니다. 소수의 유물론자를 제외하고 대부분의 사람들은 여전히 물질적 세계 너머의 가치를 지향하고, 삶의 의미와 목적, 궁극의 진리에 관심을 가지고 있습니다. 어떤 사람들은 자신의 종교 '안'에서 또 다른 사람들은 종교 '밖'에서 나름의 방식으로 진정한 삶의 의미와 실천적 지혜를 찾고자 합니다. 소위 종교를 믿지는 않지만 영적인 삶을 추구하는 SBNR(Spiritual But Not Religious)의 등장은 오늘날 달라진 종교지형의 한 모습입니다. 오랫동안 견고하게만 여겨지던 종교 간의 칸막이, 종교의 '안'과 '밖'의 구분이 퇴색하고 그 의미가 달라지고 있습니다. 지금 우리가 맞고 있는 문명사적 전환은 종교에 대해 이전과는 다른, 새로운 이해를 요청하고 있습니다.

이러한 시대적 배경과 문제의식으로 종교문해력 총서를 발간했습니다. 2022년 5월을 기점으로 다섯 번의 기획회의를 거쳐 다음과 같이 집필의 방향을 정했습니다.

- 각 종교 창시자의 삶을 중심으로 그분들이 고민했던 인생의 근본 문제를 중심으로 한다.
- '또 하나의 개론서'가 되어서는 안 되며, 오늘날 시대가 직면하고 있는 문제들, 특히 탈종교 현상 그리고 기후변화와 팬데믹 등 문명 전환에 대한 시대적 문제의식을 바탕으로 각 종교 전통 고유의 해법과 방향을 제시한다.
- 전통적 의미의 신자/신도만이 아니라 이웃 종교인 그리고 종교에 관한 인문적·영성적 관심이 있는 일반 독자(SBNR, Spiritual But Not

Religious)를 주요 독자로 염두하고 내용을 집
필한다.

이상의 집필 방향은 자신이 믿는 종교에 관한 '이해'는 물론
이웃종교와 종교 일반에 관한 이해를 제고하는데 초점이 맞
추어져 있습니다. 곧 종교를 '믿음'의 문제로서만이 아니라
'이해'의 문제로 인식하는 종교문해력의 관점에서 본 총서를
기획, 집필했습니다.

오늘날 사회 여러 부문에서 통용되고 있는 문해력(文解
力, literacy)이란 글을 아는 능력을 넘어 그 의미를 이해하고 활
용하는 능력을 뜻합니다. 그런 점에서 종교문해력이란 종교
를 단지 '믿음'의 문제로서만이 아니라 이성적 '이해'의 문제
로 인식하는 능력을 뜻합니다. 지난 2023년 3월 넷플릭스에
서 방영된 8부작 다큐멘터리 〈나는 신이다〉와 같은 경우는 사
이비 교주의 사악한 행태에서 비롯된 극단적 예이긴 하지만,
이성적 이해가 부족한 맹목적 믿음의 결과를 잘 보여주고 있
습니다. 종교문해력이 강조하는 비판적 성찰과 모색의 힘은
올바른 종교의 선택과 바른 신행의 지향점을 제공해 줄 수 있
습니다.

또한 종교문해력은 이웃종교 나아가 비종교인 그리고
우리 사회의 다른 부문과의 소통역량을 더욱 키울 수 있게 해

줍니다. 자신의 종교를 '객관적'으로 설명하고, 다른 종교와 세계관을 이해하는 기반이 되기 때문입니다. 종교문해력이 요청하는 '이해'와 활용의 능력은 다원적 사회를 살아가는 오늘날 불필요한 종교 간 긴장과 갈등을 해소하고 종교 간 대화를 촉진하는 것은 물론 사회적 공동선을 위해 함께 협력하고 연대하는 원동력이 될 수 있습니다.

종교문해력은 단지 종교인들에게만 요청되는 것은 아닙니다. 다양성과 다원성을 기반으로 하는 현대 사회에서 요청되는 필수적 과제이기도 합니다. 최근 사회문제가 되는 무슬림 차별과 혐오 현상은 이슬람에 대한 우리 사회의 무지를 단적으로 보여주고 있습니다. 문화 다양성에 관한 이해는 겉으로 드러나는 피부색이나 언어 그리고 음식이나 의상에 한정되는 것은 아닙니다. 세계관과 가치관의 바탕이 되는 종교에 관한 이해가 다른 문화를 이해하는 핵심이라고 할 수 있습니다. 밖으로 해외와의 교류가 더욱 확장되고, 안으로 해외 이주민의 유입이 지속적으로 증가할 것으로 예상되는 지금, 종교문해력은 우리 사회의 세계시민 의식과 공동체의 평화를 만들어 가는데 필수적인 시민역량이라고 할 수 있습니다.

종교학을 비롯해 불교, 기독교, 이슬람 그리고 원불교에 관한 다섯 권 각각의 책은 탈종교, 다종교 그리고 초종교라고 하는 시대적 요청에 따른 새로운 입문서의 역할을 자임하고 있습니다. 본 총서를 통해 우리 사회에서 종교 일반을 비롯한 불교, 기독교, 원불교 그리고 이슬람에 관한 이해가 한층 더 깊어지길 간절하게 바랍니다.

다섯 차례의 기획회의, 그 외 수시로 가졌던 회의를 통해 지혜를 나누어주신 다섯 분의 필자들께도 심심한 감사의 말씀을 드립니다. 발간사의 내용이 잘못된 것이 있다면 그것은 오로지 제 이해의 부족일 따름입니다.

한 종교가 아니라 여러 종교 전통의 책을 총서로 묶어 출판하는 일은 선례가 없던 일입니다. 어려운 출판시장에도 불구하고 이를 선뜻 맡아주신 불광출판사 류지호 대표님께 감사드립니다. 그리고 다섯 종의 원고를 꼼꼼히 읽고, 필자들과 교신하면서 좋은 책 출간을 위해 많은 수고를 하신 불광출판사 편집부에도 감사의 말씀을 전합니다.

끝으로 총서 발간을 위한 재정적 지원을 해주신 재단법인 플라톤 아카데미에 감사드립니다. 특히 우리 사회 모두의 '행복'과 '영적 성장'이라는 큰 뜻을 세우고, 인문학을 비롯한 관련 분야의 연구과 사회적 확산을 위해 재정적 지원은 물론 여러 사람들의 동참을 이끌어 오신 최창원 이사장님께 깊이 감사드립니다.

조성택(마인드랩 이사장)

소태산과 함께 하는
영적 여정

개벽의 꿈

근대기 서구열강의 각축 속에 조선의 운명은 풍전등화와 같았다. 안에서도 누구는 척사(斥邪)를, 누구는 개화(開化)를 외쳤다. 하지만 배척의 길도, 추종의 길도 아닌 제3의 길, 개벽의 길을 꿈꾸었던 이들이 있었다. '다시 개벽'을 주창하며 동학을 창도했던 수운(水雲), 천지공사로 해원상생의 길을 제시했던 증산(甑山), 그리고 정역(正易)으로 후천개벽의 도수(度數)를 알려주었던 일부(一夫) 등이 그들이다. 안과 밖, 동과 서, 그 어디에서도 희망을 찾지 못했던 민중의 밑바닥으로부터 가장 원초적이고 가장 원대한 열망이 '개벽의 꿈'으로 분출되었다.

전남 영광의 한 촌락에서 태어난 소태산 박중빈(少太山 朴重彬, 1891~1943), 그도 이 개벽의 길에 기꺼이 동참했다. 소태산은 어린 시절 동학농민군의 위력을 가까이서 경험했고, 구도(求道)의 시기엔 의병 항쟁을 지근거리에서 목도했다. 20세가 되기 전에 부친을 잃었고 나라도 빼앗겼다. 하지만 그는 어린 시절에 품었던 우주와 인생에 관한 의문을 놓지 않았고 지극 정성의 구도 끝에 진리를 깨달았다.

인류의 역사가 이어지는 동안 수많은 위대한 성자들이 다녀갔다. 하지만 그 많은 영적 스승 중 우리가 살고 있는 이 땅에서, 개벽의 열망을 담아 새로운 종교를 개창하고 100여 년이 지난 현재 한국을 넘어 전 세계 모든 대륙에 전파된 가르침이 있다면, 이를 주목해 보아야 하지 않을까? 한류 열풍이 전 세계를 강타하는 요즘, 근대 서구문명을 넘어서 개벽의 열망과 영적 진보를 상징하는 영성 한류, 즉 K-영성의 사례를 찾는다면, 그것은 어떤 모습이어야 할까? 우리는 소태산의 의문과 깨침, 그의 꿈과 땀 그리고 그의 가르침에서 답을 찾고자 한다. 특히 그의 가르침은 물질개벽의 홍수 속에서 정신개벽의 방주를 제시하며 한국의 민족종교에서 세계의 보편종교를 지향했다. 무엇이 식민지 국가의 변방 청년을 개벽의 성자로 만들었을까? 무엇이 일제강점기 미약했던 그의 공동체를 오늘날 세계인의 종교로 나아가게 했을까? 그가 꾸었던 개벽의 꿈이 궁금하다.

　　동서고금을 막론하고 성자들의 가르침이 참 많지만, 그것이 '진리'라면 결국 하나로 통할 것이다. 모든 존재를 행복의 길로 이끈다는 그 가르침의 정수는 크게 다르지 않을 것이기 때문이다. 다만 그 시대와 지역에 맞는 언어와 풍습을 담아 그 가르침을 전할 수밖에 없었기에 각종 각파가 분립됐다. 하나의 진리라도, 그것을 입으로 전하고 몸으로 행할 때는 그 시대와 인심을 따라야 한다. 시대가 달라졌다면 그 고민의 내용(고통의 모습)과 그 해법(치료법)도 달라져야 하지 않을까? 그런 점에서 근대 서구문명의 전래가 본격화되는 시기를 살았던 소태산의 고민과 해법, 그리고 그의 실행을 살펴보는 일은 물질이 개벽된 현 시대를 살아가는 우리에게 분명 중요한 메시지를 던져 줄 것이다.

생활과 영성

오늘날 과학의 시대, 풍요의 시대를 마주한 우리는 나뉜 것들이 하나로 연결되는 시대를 살아가고 있다. 어떤 면에서는 급변하는 시대 속에 우리의 일상은 더욱 불안해졌고, 주변 세상은 더욱 위태로워졌다. 소태산은 온갖 고통 속에 살아가는 중생을 건지고, 병든 세상을 치료하는 제생의세(濟生醫世)의 길을 찾고자 고심했다. 그렇게 소태산은 묵은 세상을 새 세상으로 만들어갈 프로젝트를 제안했다. 개벽의 시대를 열어갈 인류에게 필요한 처방은 과연 무엇일까? 우리는 무엇에 의지하며, 어떻게 살아가야 할까?

소태산의 처방은 일원상(一圓相) 'ㅇ'으로 제시된다. 이 자리는 우주의 근원이자, 우리의 본성이자, 성자들의 깨친 자리이다. 소태산은 'ㅇ'의 진리를 천명하고, 이를 신앙의 대상과 수행의 표본으로 삼았다. 이로써 우주와 인간을 하나로 연결시키고, 모든 성자의 가르침을 서로 통하게 했다. 그렇게 자력과 타력의 모든 방편이 서로 돕게 하여 수도와 생활이 둘 아닌 산 종교, 도학과 과학이 병진(並進, 둘 이상이 나란히 나아감)된 참 문명 세계, 정신과 물질이 잘 조화된 개벽 세상을 꿈꾸며 이를 민중들과 함께 구현하고자 했다.

　깨달음 이후에 소태산의 행적도 주목해 보아야 한다. 먼저 소태산은 아홉 제자를 선발, 하나의 단(團)을 조직했다. 아홉 제자에 자신을 포함한 열 사람으로 하나의 단을 구성한 것이다. 이 10인은 각각 8방과 하늘, 땅, 이렇게 시방(十方)에 상응한다. 실제 모든 일을 열 사람이 한마음이 되어 '일심합력(一心合力)'으로 진행했다. 작은 것부터 하나씩 키워나가는 '이소성대(以小成大)'로 하나씩 묵은 현실을 변화시키고 찌든 정신을 일깨워갔다.

　단원들과 저축조합을 결성하고 금주, 금연, 허례 폐지 등을 통해 자금을 마련했다. 그리고 버려진 갯벌(간석지)에 둑을 막아 2만 6,000여 평의 언답(堰畓)을 개간했다. 이를 간석지 개간을 위해 둑[堰]을 막는 공사라 해서 '방언공사(防堰工事)'라고 부른다. 당시 민간인들에게는 엄두가 나지 않는 큰 공사였다. 그러한 과정조차 고스란히 새로운 영성의 길을 제시하는 한 모범이었다. 소태산은 28년 동안 영성과 생활이 둘 아닌 공동체, 공부와 사업이 둘이 아닌 세상을 구현하여 영적 생활과 경제 활동이 조화된 새로운 영성 운동, 즉 정신개벽의 길을 개척하는 데 헌신했다.

　3·1운동의 소식이 영광 땅에 전해지자 이를 '개벽을 재촉하는 상두소리'라 하며, 간석지 개간 일[防堰工事]을 서둘러

마무리하고 단원들과 창생을 위해 죽음을 각오한 기도 운동을 전개했다. 먼저 갯벌을 막아 양계의 인증을 받는 '땅 개벽'을 몸소 보였다면, 이어서 법계(法界)의 인증을 받는 '하늘 개벽'을 함께 체험했다. 이를 통해 경제생활의 기초를 마련함과 동시에 영성생활의 근간을 세웠다.

일제강점기에 영산(전남 영광)에서 변산(전북 부안)으로 다시 익산으로 거처를 옮겨가며, 교법을 다듬고 조직을 정비하며, 제자들을 양성하는 등 공부와 사업을 병행했다. 그렇게 28년간 '불법연구회(佛法硏究會)'라는 이상적 공동체를 일구었다. 새로운 가르침의 강령은 소태산의 깨달음을 기반으로 불교, 유교, 도교뿐만 아니라 동학과 서학까지도 포괄했다. 이를 통해 유가의 전통 예법을 개혁했고 불가의 교리 제도를 혁신했다. 또한 근대적 교육평가 시스템과 민주적 의사결정 체계를 도입하는 등 서구의 합리적인 사고와 효율적인 시스템도 적극 수용했다.

우주의 이치와 인간의 성품을 'ㅇ'의 진리로 통일했고, 갈라진 모든 종교를 하나로 통하게 했다. 신앙에 있어서는 인과보응의 이치를 따라 보은하고 불공하는 법을 밝혔다. 신앙의 대상에도 궁극적인 것과 현실적인 것을 모두 일원상으로 보아 '일원(一圓)'이 곧 사은(四恩)'임을 강조했다. 하늘과 땅을 함께 중시했고, 부(父)와 모(母)를 함께 존중했다. 사농공상의 동포가 자리이타로 상생하는 길을 제시했고, 입법과 치법을 모두 중시하여 불의는 금지하고 정의는 권장했다. 정신과 물질, 도학과 과학의 균형을 중시하여 성과 속의 차별을 넘어 출가와 재가의 역할을 분담할 뿐 교육과 훈련, 법위 등을 평등하고 공정하게 운영했다. 지자(智者, 지혜로운 자)와 우자(愚者, 어리석은 자)의 차별을 제외한 모든 차별을 폐지했고, 남녀의 권리를 동등하게 운영하여 모든 면에서 여성들이 역량을 발휘할 수 있도록 했다. 최고 의결 기관인 수위단(首位團)도 단장인 종법사 외에 남녀 각각 아홉 명씩 동수로 구성했다. 교정원장이나 감찰원장 등 모든 교단의 요직뿐 아니라 지역을 총괄하는 교구의 수장을 맡는데도 남녀의 차별을 두지 않았다. 교화 현장과 각 기관에서도 남녀 모두 '교무(教務, 원불교 교화자)'로서 동등한 역할과 책임이 주어졌다. 공부인의 단계를 법위(法位)로 밝혀 출가·재가의 구분 없이 오직 공부의 실력과 사업의 공덕에 따라 그 성적을 사정(查定, 조사하거나 검사하여 결정)했고, 법계(法系) 역시 공개적으로 전했다.

소태산과 동행

소태산은 전남 영광 땅에서 태어나고 자랐다. 영광을 떠나지 않고 구도 정진하여 깨달음을 얻었다. 놀라운 것은 영광 땅의 가까운 친척과 친우 중에서 최초 아홉 제자를 얻었다는 점이다. 소태산은 탄생하고, 발심하고, 구도하고, 대각한 땅에서 새로운 회상, 개벽의 꿈을 가까운 이들과 함께 구현하고자 했다. '회상(會上)'은 대중이 모인 법회를 뜻하며, 성자의 가르침을 전하는 모임을 말한다. 석가불의 영산회상, 미륵불의 용화회상 등이 대표적이다. 소태산은 영광을 '영산(靈山)'이라고 했다. 그는 영산회상의 봄소식을 다시 전하여 이 땅에 정법회상(正法會上)을 건설한다는 염원 아래, 중생을 제도하고 세상을 치료한다[濟生醫世]는 경륜(經綸, 큰 포부로 일을 조직하고 계획함)을 제시했다.

일제강점기의 감시와 탄압 속에서도 '천하농판'이 되어서 바보처럼 한 걸음 한 걸음 묵묵히 전진해갔다. 그렇게 평생 개벽의 꿈을 실현하고자 했던 소태산은 해방을 두 해 앞둔 채 열반에 들고 말았다. 못다 이룬 소태산의 꿈은 그의 제자들을 통해 여전히 실행 중이다. 그의 법통을 계승한 정산 송규(鼎山 宋奎, 1900~1962)는 해방 직후 『건국론(建國論)』으로 새로운 국가건설의 길을 제시했고 '전재동포구호사업'에도 적극적으로 앞장섰다. 그리고 '삼동윤리(三同倫理)'를 통해 모든 종교가 한 근원이며, 모든 인류와 생령이 한 가족 한 생명이며, 모든 사업이 모두를 이롭게 한다는 하나의 목적 하나의 일임을 밝힘으로써 보편의 윤리를 제시했다. 소태산의 일원상 중심의 '진리개벽'을 정산은 삼동윤리를 통한 '윤리개벽'으로 구체화한 것이다.

정산의 뒤를 이은 대산 김대거(大山 金大擧, 1914~1998)는 심전계발 운동, 종교연합(UR) 운동, 공동시장 개척 등 '세계 평화 3대 제언'으로 인류가 함께 하나의 세계, 평화의 세계를 개척해 나가길 염원했다. 오늘날 소태산의 가르침은 미국, 캐나다, 중국, 일본, 러시아, 프랑스, 독일, 태국, 라오스, 캄보디아, 호주, 뉴질랜드, 칠레, 브라질, 남아프리카공화국 등 전 세계 모든 대륙에 전해졌다. 한국 자생의 원불교가 가톨릭, 개신교, 불교와 함께 국가 공식의례인 국장에 참여하게 됐다. 근래에는 '미국총부'가 승인(2011)되었고 '미국종법사'가 임명(2022)됐다.

어느새 원불교도 100년의 역사를 넘겼다. 근대기 굴곡의 역사 속에서 민중이 꿈꾸었던 제3의 길, 새로운 시대를 열망했던 개벽의 꿈이 더디지만 한 걸음씩 실현되고 있다. 지금 이 시대, 즉 문명 전환의 시대에 이 땅에 다시 붓다가 예수가 무함마드가 그리고 수운이 온다면 그들의 영적 여정이 과연 어떤 깨달음, 어떤 계시, 어떤 가르침과 행적으로 채워질까? 소태산과 함께 하는 영적 여정이 모든 성자들과도 손을 맞잡고 함께 가는 길[把手共行]이 되길 바란다. 그리고 함께 하는 이 길이 각자의 영적 성숙과 인류의 영적 진보를 위한 뜻깊은 여정이 되기를 염원한다.

덧붙이는 감사

이 글은 혼자 쓸 수 있는 글이 아니다. 크게는 사은(四恩)님의 은덕이고 가까이는 스승님의 은혜이다. 인류의 영적 스승이자 개벽의 성자로 이 땅에 오신 소태산 대종사님, 그 법통을 계승한 정산 종사와 대산 종사를 비롯한 역대 종법사님, 그리고 정법(正法)에 눈 뜨게 해주시고 영성을 일깨워주신 몽타원 변성묵 스승님의 지도가 지금의 나를 있게 했다. 원불교와 인연을 맺어주신 아버지(목산 장형식)와 어머니(공타원 최인덕), 그리고 공부할 수 있도록 후원해주신 은부모님(실산 이원실, 제타원 윤성은), 영산과 익산의 예비교무 시절 지도해주신 총장님과 스승님들, 소태산 대종사의 흔적을 찾아 함께 공부했던 도반들, 그리고 광주교당과 안양교당의 교무님, 교도님들께도 감사의 인사를 드린다. 항상 변함없는 지지와 응원을 보내준 소중한 도반 김연제 정토, 그리고 늘 거울처럼 내 모습을 비춰주는 준우와 은우에게도 감사의 마음을 전한다.

이 글을 쓸 수 있도록 처음 제안해주신 마인드랩 조성택 이사장님, 이번 시리즈 집필에 참여하여 종교의 울을 넘어 함께 대화하며 영성의 지평을 넓혀 준 마인드 아카데미 선생님들, 그리고 부족한 글을 먼저 꼼꼼히 읽어 준 염승준, 권정도, 강신오 교무님, 앞서 원불교 초기교단의 자료를 수집하고 정리해준 박용덕, 서문성 교무님, 자료 준비에 도움을 준 황상원, 윤관명 교무님, 그리고 당대의 귀한 사진자료를 제공해준 기록관리소에도 감사의 마음을 전한다. 끝으로 이 글의 출간을 위해 물심양면 수고해주신 불광출판사 관계자 여러분께도 고마운 마음을 전한다.

목차

'이 뭐꼬'가 '무엇'에 초점이 있다면,
'이 일을 어찌할꼬'는 '어떻게'에 방점이 있다.

1장

의문,
영성의 씨앗

급변하는 시대, 의문을 품다

한 소년이 의문(의심)을 품었다. '저 하늘은 얼마나 높을까, 저 하늘은 얼마나 넓을까, 저 하늘은 어찌하여 저렇게 맑고 깨끗할까?' 첫 의문이다. 이어서 '저와 같이 맑고 깨끗한 하늘에서 우연히 바람이 동하고 구름이 일어나니 그 바람과 구름은 또한 어떻게 되는 것인가?' 이어지는 의문이다. 그렇게 문득 일어난 하나의 의문은 천만 의문이 되어 꼬리에 꼬리를 물고 일어났다. 얼마나 지났을까? 자신을 생각한즉 자신이 스스로 의심되고, 사물을 생각하니 사물이 또한 의심되고, 주야나 사시를 생각하니 주야와 사시가 모두 의심되었다. '어머니, 아버지는 왜 저리 친할까? 사람이 태어나면 어디로 오는 것이며 죽으면 어디로 가는 것일까?' 등 인간사 모든 일까지 의문이 끊이지 않았다.

이 많은 의문 중에 특별하다고 할 만한 것이 있는가? 의문 자체가 너무나 평범하고 당연하게 느껴질 정도이다. 어릴 적 누구나 한 번쯤은 궁금해 했을 법한 의문들이다. 그래서 이 의문투성이 한 소년은 너라고 해도, 나라고 해도, 그리고 그 누구라 해도 이상하지 않다.

이 의문투성이 한 소년이 바로 훗날 원불교를 창시한 소태산 박중빈(少太山 朴重彬)이다. 고향은 전라남도 영광군 백수읍 길룡리 영촌마을이다. 1891년 5월 5일(음력 3월 27일), 아버지 박성삼(朴成三)과 어머니 강릉 유씨(劉定天)의 4남 2녀 중 3남으로 태어났다. 어릴 적 아명은 '진섭(鎭燮)'이고 결혼 후에 불렀던 자(子)는 '처화(處化)'이다. '소태산(少太山)'은 깨달음을 얻은 후 스스로 칭한 법호이며, '중빈(重彬)'은 법명이다. 열반 후 존호로 '원각성존(圓覺聖尊)'이라 했고, 일반적으로는 '대종사(大宗師)'라 존칭했다

평범한 성자, 소태산의 영적 여정의 첫 출발은 어릴 적 품었던 세상과 인간에 대한 평범한 의문에서 시작된다. 의문은 누구나 간직하고 있는 영성의 씨앗이다. 그 씨앗을 잃지 않고 품어서 싹을 틔우고 줄기와 가지를 키워서 마침내 꽃을 피우고 열매를 맺는다. 의문이라는 영성의 씨앗을 통해 깨달음이라는 영성의 결실을 얻는다. 영적 결실을 통해 세상에 큰 유

1931년 서울에서 촬영한 소태산 대종사의 모습

익을 준 이가 있다면, 우리는 이를 성스럽고 고귀한 사람, 즉 '성자(聖者)'라 한다. 아픈 마음을 위로하고 속박된 마음에 자유를 주며 어리석은 마음을 일깨워주는 이, 병든 세상을 치유하고 묵은 세상을 새롭게 고쳐가는 이, 그가 바로 성자이다.

소태산이 태어난 해는 1891년이다. 우주와 인생에 의문을 품었던 그의 유년 시절은 19세기 후반에 해당한다. 당시는 이미 총칼을 앞세운 서양의 제국들이 앞다퉈 아시아를 노골적으로 침탈하던 시기였다. 노동력을 착취하고 자원을 수탈하며 자본주의의 상품시장으로 강제 편입하고자 온갖 강압을 일삼던 시기였다. 특히 1840년 제1차 아편전쟁에서 청(淸)이 영국에 완패한 사건은 동아시아 여러 나라에게 큰 충격이었다.

당시 영국은 청으로부터 차와 도자기 등을 수입하면서 큰 무역적자를 보고 있었다. 이에 막대한 은(銀)의 유출을 막고자 영국은 아편을 지급했고, 이로 인해 청에는 아편 중독자가 급속히 늘어나 심각한 사회문제가 됐다. 이에 청 조정에서는 황제의 전권을 위임한 흠차대신(欽差大臣) 임칙서(林則徐)를 파견해 아편을 몰수하고 판매를 금지하는 등 강경정책을 폈다. 이러한 청의 정책은 결국 영국에게 전쟁의 구실을 제공했다. 그 결과는 청의 참담한 패배였다. 결국 청은 영국에게 막대한 배상금을 지급하고, 100년간 홍콩을 할양(割讓, 영토의

일부를 다른 나라에 넘김)하는 등 5개 항구의 개방 조건을 담은 난

징조약(1842)을 체결해야만 했다.

하지만 이후로도 영국의 무역적자는 개선되지 않았다.

적자를 만회할 기회를 엿보던 영국은 광조우(廣州) 주강(珠江)

에서 영국 국적의 해적선 애로우(Arrow)호를 단속하는 청 조

정이 영국 국기를 모욕했다며, 제2차 아편전쟁(1856)을 일으

켰다. 여기에 광시(廣西)에서 프랑스 선교사가 처형된 사건을

문제 삼아 프랑스까지 참전했다. 청은 영국-프랑스 동맹군의

상대가 될 수 없었다. 결과적으로 청은 영국, 프랑스 등 4개국

과 텐진조약(1858)을 맺었다. 이 조약을 통해 청은 전쟁 비용

의 배상은 물론 외국인의 베이징 주재, 중국 여행과 무역 자유

의 보장, 기독교 선교 자유와 선교사 보호 그리고 10개의 주

요 항구 개방 등의 조건을 이행해야 했다. 청은 굴욕스러운 조

항에 비준을 거부하고 저항했다. 하지만, 재차 출병한 영국-

프랑스 연합군에게 베이징까지 점령당하는 수모를 겪고, 결

국 텐진조약을 수용한다는 베이징조약까지 체결해야 했다.

이때 베이징조약 체결을 중재한 러시아가 연해주 지역을 할

양받아 우리나라(조선)와도 국경을 접하게 되었다. 이로써 우

리를 둘러싼 주변 강국들의 경쟁도 점차 치열해졌다.

설상가상 이 시기에 태평천국의 난(1850~1864)과 의화단

운동(1899~1901)까지 겹치면서, 청은 안으로 지배체제가 크게

흔들리고 밖으로는 외세의 간섭에 더욱 시달렸다. 청은 동아시아의 종주국에서 동네북 신세로 전락했고, 이후 동아시아의 혼란은 가중됐다. 결국 중국 중심의 동아시아 질서는 급속히 붕괴되었고, 조선은 서구 중심의 세계 질서에 강제 편입될 운명에 처하게 되었다.

당시 영국과 맺은 톈진조약을 보면, "이제부터 중국 당국이 수도나 지방에서 발행한 공식 문서에서 사용한 'I(夷, 야만인)'라는 문자는 영국 폐하의 정부나 신민에게 적용되지 않는다는 데 동의한다"는 내용이 포함되어 있다. 과거의 '중화(中華)'는 저물고 새로운 '문명(文明)'이 떠올랐다. 당시 유럽의 여러 나라들은 르네상스와 신대륙 발견을 거치면서 지구 전체에 대한 안목을 갖추었고, 각지를 연결하는 중계무역을 통해 큰 부를 축적했다. 유럽제국들은 급기야 산업혁명을 거치면서 과학기술을 발달시키고 산업자본주의를 팽창시켰다. 그리고 폭주기관차처럼 앞다투어 식민제국주의를 향해 내달렸다. 특히 영국과 프랑스 중심의 서구는 스스로 '문명'이라 칭하며 비서구 국가들을 '야만'으로 치부했다. 이들은 계몽을 핑계로 기독교를 앞세운 선교 전략을 정당화했고, 총칼을 앞세운 자본주의 시장 확보를 위한 식민화 전략을 노골화했다.

이 시기에 일본도 미국의 강압에 미일화친조약(1854)과 미일수호통상조약(1858) 등 불평등조약을 체결하고 항구를 개방했다. 하지만 내부적으로 이에 대한 불만이 고조됐고 막부 타도와 존왕양이(尊王攘夷)의 반외세 운동이 전개됐고, 결국 천황 중심의 메이지유신(明治維新)(1868)이 단행됐다. 이후 1889년 제국 헌법이 공포되고 1890년 제국의회가 발족함으로써 동아시아 최초의 입헌군주제를 도입했다. 일본은 아시아에서 벗어나 유럽이 되겠다는 '탈아입구(脫亞入歐)'를 외치며 본격적인 서구식 근대화에 매진하며 제국주의의 길로 뛰어들었다. 물론 아편전쟁의 패배로 큰 충격에 휩싸인 청도 중국의 정신을 주체로 서양의 기술을 수용하겠다는 '중체서용(中體西用)'의 입장에서 유럽의 근대기술 도입에 힘쓴 근대화 운동인 양무운동(洋務運動, 1861~1894)을 전개했다. 하지만 1894년 청일전쟁에서 양무운동의 한계가 여실히 드러나고, 중국은 동아시아의 패권국의 지위마저 일본에 넘겨주어야 할 지경에 이른다.

조선도 이러한 상황에서 결코 자유로울 수 없었다. 이미 조선은 내우외환 속에 풍전등화와 같은 운명에 처해있었다. 결국 일본이 미국에 의해 개항됐던 것처럼, 조선도 일본에 의해 개항됐다. 흥선대원군이 척양척왜를 외치며 척화비(斥和碑)까지 세웠던 강력한 쇄국정책은 결국 강화도조약(1876)으로 무너졌다. 이후 미국, 영국, 러시아 등 제국들과도 차례로 조약을 맺으면서 약육강식의 세계 질서에 급속히 휩쓸려 들어갔다. 안으로 척사파와 개화파의 갈등 속에서도 자체적인 개혁을 모색했으나 여러 제국의 각축으로 외세의 간섭은 더욱 심해졌다. 안타깝게도 조선은 제국으로 가는 길목에서 식민지 확보가 간절했던 일본제국주의의 야욕 아래 결국 주권마저 강탈당하고 만다.

문명을 넘어 '다시 개벽'으로

격동의 19세기 후반에 유년 시절을 보냈던 소태산에게 이러한 시대적 상황이 얼마나 깊게 전해졌을지, 그리고 그의 영적여정에 어떤 영향을 주었을지 정확히 알 수는 없다. 비록 어렸지만, 그 영향이 적지는 않았을 것이다.

소태산이 4세였던 1894년, 조선은 물론 동아시아 전체를 뒤흔드는 역사적 소용돌이가 일어난다. 바로 동학농민혁명이다. 동학(東學)은 수운 최제우(水雲 崔濟愚, 1824~1864)가 창시했다. 경북 경주 출신의 수운은 10년 이상 각지를 유람하며유·불·도 삼교뿐만 아니라 서학 등 다양한 사상을 접하고 민중의 참담한 현실을 목도했다. 이후 32세(1855)에 금강산 유점사에서 온 승려로부터 『을묘천서(乙卯天書)』를 얻어 본격적인 수도를 시작했다. 그는 1856년 양산 천성산 내원암에서 49일 기도를 올렸고 이듬해 천성산 적멸굴에서 49일간 기도를 마쳤다. 1859년에는 경주로 돌아와 용담정에서 기도했으며, 마침내 1860년 4월 5일에 「천사문답(天師問答)」을 통해 깨침을 얻어 유·불·도 삼교를 두루 통합한 동학의 문을 열었다.

　1861년 6월 용담정을 찾아오는 이들에게 수운은 본격적인 포덕(布德, 하늘님의 덕을 세상에 폄)을 했다. 동학이나 천도교에서는 전도나 교화를 '포덕'이라 하며, 이를 연호로 삼았다. 그리고 1860년 수운이 깨친 해를 포덕 원년이라 했다. 수운은 포덕을 시작한 후 얼마 지나지 않아서 「동학론」을 지었다. "동에서 태어나 동에서 받았으니 도는 천도(天道)라 하나 학은 동학(東學)이다." 「동학론」은 뒤에 「논학문」으로 불렸다. 여기에 "시천주조화정(侍天主造化定) 영세불망만사지(永世不忘萬事知)"라는 시천주 주문•과 함께 동학의 가르침이 전한다.

• 시천주 주문 13자의 뜻은 다음과 같다. "'시(侍)'는 안에 신령(神靈)이 있고 밖에 기화(氣化)가 있어 온 세상 사람들이 각자 알아서 옮기지 않는 것이다. '주(主)'는 존귀함을 칭하는 것이니 부모와 같이 섬기는 것이다. '조화(造化)'는 무위이화(無爲而化)이다. '정(定)'은 그 덕에 합하여 그 마음을 정하는 것이다. '영세(永世)'는 사람의 평생이다. '불망(不忘)'은 생각을 잊지 않는다는 뜻이다. '만사(萬事)'는 수가 많은 것이다. '지(知)'는 그 도를 알아서 그 앎을 받아들이는 것이다. 그러므로 그 덕을 밝히고 밝혀서 생각 생각을 잊지 아니하면 지기(至氣)에 화하여 지극한 성인에 이르게 된다."(「논학문」 13절)

수운의 포덕 이후 동학 세력이 급속히 확산하자, 이에 놀란 영남 유림이 크게 반발했다. 동학을 이름만 바꾼 '서학(西學)'이라 하여 '혹세무민'의 혐의로 수운을 체포했다. 결국 경상감영으로 압송된 수운은 1864년 3월 대구 관덕정에서 참수됐다. 관덕정은 서학(천주학)을 하다 체포된 이들을 처형하던 곳이었다. 서학(천주교)은 1784년 북경에서 세례를 받고 귀국한 이승훈에 의해 전래됐다. 하지만 신해박해(1791)에서 병인박해(1866)에 이르기까지 100여 년 가까운 박해를 받았다. 이 과정에서 많은 천주교인들이 경상감영에서 옥사하거나 관덕정에서 처형됐다. 오로지 동학을 주장했던 이가 서학을 전파했다는 명목으로 처형됐으니 참으로 가슴 아픈 아이러니이다. 이때는 수운이 깨침을 얻고 포덕을 한지 고작 3년 남짓이었다.

수운 사후 동학 제2대 교주 해월 최시형(海月 崔時亨, 1827~1898)은 조정의 탄압을 피해 각지에 은신하며 점차 조직을 정비해갔다. 이 과정에서 『동경대전(東經大全)』과 『용담유사(龍潭遺詞)』도 발간했다. 1890년대에 와서는 몇 차에 걸쳐 교조의 억울함을 풀어달라는 '교조신원운동'이 됐다. 점차 교조의 신원(伸冤)은 물론 포교의 자유, 그리고 탐관오리 숙청 등을 요구했다. 하지만 동학을 대하는 조정의 태도는 나아지지 않았고 탐관오리들의 횡포는 오히려 심해졌다. 그러는 와

중 1894년 동학농민혁명이 일어났다. 영광에서 그리 멀지 않은 전라도 고부군수 조병갑의 학정이 도화선이 되었다. 안으로 관료들의 부패와 폭정, 밖으로 외세의 잦은 출현과 개항 등으로 민중의 고통과 불안이 극에 달했다.

당시 곳곳에서 민란이 있었지만, 고부민란은 이전 민란과 달랐다. 이때의 동학군은 민란처럼 생활고에 시달린 폭도가 아니었다. 또 이전의 교조신원운동처럼 교조의 신원과 포교의 자유만을 주장하는 데 그친 것도 아니었다. 보국안민(輔國安民, 나라를 보필하고 백성을 편안케 함)과 척양척왜(斥洋斥倭, 서양과 일본을 배척함)를 앞세웠다. 당시 민란을 주도했던 전봉준(全琫準, 1855~1895)의 아버지(전창혁)도 극에 달한 조병갑의 학정에 항의하다 곤장을 맞고 장독이 올라 사망했다. 학정에 대한 분노는 개인을 넘어 민중의 분노로 조직화됐다. 동학농민혁명의 발발 이전인 1893년 11월, 전봉준 등 20여 명이 사발을 엎어놓고 그린 원을 중심으로 돌아가면서 각자의 이름을 적은 '사발통문(沙鉢通文)'을 작성했다. 사발통문에는 고부성을 격파하고 조병갑을 효수할 것, 군기창과 화약창을 점령할 것, 군수에게 아첨하여 인민을 침어(侵漁, 침범하여 빼앗음)한 탐리(貪吏)를 격징(擊懲)할 것, 전주 감영을 함락하고 경사(京師, 서울)로 직향할 것 등의 구체적인 거사 계획이 포함됐다.

1894년 1월 11일 고부민란이 일어나자 조병갑은 도주했

의문, 영성의 씨앗

고, 곧이어 사태 수습을 위해 조정에서는 이용태를 안핵사로 파견했다. 하지만 이용태는 오히려 사태의 책임을 동학 농민들에게 돌리고 이들을 노골적으로 탄압했다. 결국 약속을 믿고 해산했던 이들이 1894년 3월 20일 무장에서 봉기[起包]하여 창의문(倡義文)을 발표하고 고부를 점령한 후 25일 백산에 집결했다(백산대회). 전봉준이 총대장을 맡고 태인 접주 김개남, 무장 접주 손화중 등이 장령(將領, 군사를 거느리는 우두머리)이 되었으며, 각지의 농민들도 합세했다. 이렇게 1차 기병을 한 동학군은 황토현에서 관군을 대파하고 그 기세를 몰아 정읍, 흥덕, 고창, 그리고 영광, 함평, 장성 등을 거쳐서 마침내 6월 1일 전주성까지 점령했다. 호남 일대에는 집강소(執綱所, 농민군이 관아에 설치한 민정기관)가 설치되어 농민의 자치가 일부 이루어졌다.

동학군은 폐정개혁안(弊政改革案)을 제시했고, 전봉준은 초토사 홍계훈과 전주화약을 맺었다. 하지만 전주화약은 제대로 이행되지 않았다. 이때는 동학군의 기세에 놀란 조정은 이미 청에 원군을 요청한 상태였으며, 이로 인해 조선 침략의 기회를 엿보던 일본도 톈진조약을 빌미로 군대를 파견했다. 결국 청일전쟁이 발발했고, 오래지 않아 일본이 승기를 잡았다. 아편전쟁 이후 무너진 청은 이제 일본에도 패하면서 급격히 망국의 길로 들어섰다. 이에 동학군은 척왜를 구호로 반외세를 위한 2차 기병을 결정했다. 남접에 북접까지 가세해 공주성으로 향했다. 하지만, 공주 부근 우금치에서 근대식 무기로 무장한 일본군의 총칼 앞에 무참히 패하여 그 기세가 꺾이고 말았다.

　　동학농민혁명은 국가적 위기 상황에서 종교적 열망을 담아 새로운 시대를 꿈꾸었던 농민들의 집단적 봉기였다. 이 점에서 청의 태평천국의 난과 언뜻 유사하다. 하지만 태평천국은 친기독교, 반청이었다는 점에서 종교적 주체성이 달랐다. 또한 동학은 반외세의 기치를 내걸었다는 점에서 '부청멸양(扶淸滅洋)'을 주장한 의화단운동과도 비교된다. 특히 의화단의 반기독교적 성격과도 비교해볼 수 있다. 다만 의화단(義和團)은 반외세, 반기독교를 주장했으나 반봉건과는 거리가 멀었다. 이에 대해 동학농민혁명은 반외세와 반봉건의 입장을 분명히 했다. 반외세를 주장하며 민족의 주체성을 세우고, 반봉건을 주장하며 새로운 세상을 바랐다.

　　당시 국내에서도 척사파와 개화파, 즉 반외세와 반봉건이 양립하지 못한 상태였다. 이에 동학은 반봉건과 반외세를 함께 주장하며 제3의 길을 제시하고자 했다. 이 시기에 임오군란(壬午軍亂, 1882)과 갑신정변(甲申政變, 1884) 등을 거치면서 흥선대원군과 명성황후의 권력 다툼이 심화됐다. 전봉준 등 일부 동학군은 재집권을 원했던 흥선대원군과 연대를 꾀했지만, 결과적으로 관군과 일본군의 총칼 아래 허무하게 진압되고 말았다. 청일전쟁에서 승리한 일본은 조선에서의 영향력을 확장했다. 이후 일본의 조선에 대한 간섭은 더욱 노골적으로 변했다. 친일 내각 중심의 갑오개혁을 강제했고, 명성황후를 시해하는 만행(을미사변)을 저질렀다. 이어서 단발령을 포함한 을미개혁을 밀어붙였고, 동학농민군을 집요하게 탄압했다. 이후 농민군의 일부는 을미의병과 정미의병 등에 동참하며 그 저항을 이어갔다. 하지만, '다시 개벽'의 꿈을 위해 들불처럼 일어났던 민중의 순수한 열망은 결국 묵은 세상의 찌든 잔재, 기득권의 부패와 무능, 주변국의 침략 야욕 등에 의해 좌절되고 말았다. 그렇게 개벽에 대한 열망은 다시 때를 기다릴 수밖에 없었다.

　　어린 시절 소태산(진섭)이 접한 동학군의 모습은 어떠했을까? 소태산이 '동학군이 나타났다' 하여 아버지를 놀라게 했던 일화가 전한다. 봄날 아침식사 중 너무 배가 고픈 진섭이 부친의 밥을 퍼서 자기 밥그릇에 옮겨 담았다. 부친이 버릇이 없다며 매를 맞아야겠다고 꾸중하니, 진섭은 오히려 '내가 먼저 아버지를 놀라게 할 거야'라고 말했다. 아침의 일은 다 잊어버린 부친이 일을 마치고 잠시 낮잠을 청할 때였다. 갑자기 진섭이 큰 소리로 '동학군이 나타났다'라고 외치자 그 소리에 깜짝 놀란 부친이 옥녀봉 아래 대나무 숲에 한참을 숨죽이며 기다렸다는 이야기이다.

　　동학군은 그 세력을 규합하는 과정에서 영광 일대를 휩쓸었고, 특히 인근 구수리(법성포 맞은편)에서 3일간 주둔하며 농민군을 소집하여 훈련했다. 그만큼 이 지역에 동학군 지원자가 많았으며, 그 위세도 매우 컸음을 방증한다. 소태산도 어린 나이였지만, 동학군의 소식을 가까이 접하면서 그 위력이 어느 정도였는지 짐작하고 있었던 것이다. 이러한 배경에서 동학군의 위세를 가장한 폭도들이 종종 출몰했기에, 부친도 갑작스러운 동학군 소식에 적지 않게 놀랐던 것이다.

　　소태산의 의문은 우주와 인생 전반에 걸쳐 있다. 모르는 것을 알고자 하는 것은 당연한 일이지만, 이전에 듣도 보도 못했던 서구 과학기술에 관한 충격은 과연 어떠했을까? 총이나 대포, 증기선이나 전차, 그리고 전구와 전기 등 새로운 과학기술은 충격 그 자체였다. 거기에 이전에 알지 못했던 유일신을 설파했던 기독교나 '다시 개벽'을 꿈꾸었던 동학 등 새로운 종교의 등장과 그들의 가르침과 역할에 관한 궁금증도 커졌다. 그렇게 소태산의 의문 목록도 점차 늘어나지 않을 수 없었다.

　　근본적 진리로부터 인간 세상의 세밀한 일들만이 아니다. 세상에는 얼마나 많은 종교와 종파가 있는가? 각 종교의 진리는 같은 것인가 다른 것인가? 신앙의 대상과 수행의 방법은 어떻게 다른가? 또 약육강식의 무한경쟁으로 치닫는 이 세계는 과연 어떻게 될 것인가? 어떻게 하여 약자가 되고 어떻게 하여 강자가 되는가? 약자와 강자가 함께 잘 사는 방법은 없는가? 물질문명은 과연 어떻게 개벽 되었는가? 이 물질의 세력을 극복할 수 있는 정신의 힘을 어디에서 얻을 수 있는가? 묵은 세상을 혁신하고 다시 개벽을 이룰 가르침은 과연 무엇인가? 그렇게 '무엇을 모르는가' 대신 '무엇을 할 수 있는가'에 관한 고민은 깊어갔다. 아는 것에서 그치지 않고 실제 행하는 방법이 무엇인지, 어떻게 새로운 변화에 대응할 것이며, 어떻게 기존의 것을 혁신할 것인가 등 모두가 의문●이었다.

● 이러한 의문들은 이후에 발간된 『수양연구요론』(1927) 「각항연구 문목」에 실린 137개 목록(별첨1 참조)을 통해 짐작해 볼 수 있다.

이 일을 어찌할꼬

요즘은 의문이 생기면 인터넷을 검색하고 챗GPT에게 먼저 물어볼지도 모른다. 하지만 100년 전만 해도 볼 수 있는 책이 한정되어 있었고, 과학적 사실이나 새로운 지식에 관한 접근 자체가 어려웠다. 오랫동안 강하게 남아 있던 유교적 관습과 규범은 이미 신분제도나 관혼상제 등으로 제도화되고 형식화되어 민중들에게 더 나은 삶과 가치 있는 방향을 제시하기에는 너무 경직되어 있었다. 밀려드는 근대 서구의 과학과 종교 등 신문명을 어떻게 대응할 것인지 뚜렷한 방향도, 구체적 대안도 없었다.

날로 커지는 의문을 해소하기 위해 소태산은 먼저 가까운 아버지와 어머니에게 물었다. 그러나 의문을 해소하기에는 너무도 부족했다. 열 살 무렵에 다니던 서당 훈장에게도 물었다. 하지만 오히려 하라는 공부는 하지 않고 쓸데없는 생각을 한다며 구박을 주었다. 그러던 어느 날 부친을 따라 영광군 군서면 마읍리에 있는 선산에 시향제(時享祭)를 모시러 갔는데, 조상보다 먼저 산신(山神)에게 제사하는 것을 보았다. 궁금하여 족친(族親, 상복을 입어야 하는 가까운 친족 외에 같은 성을 가진 일가붙이) 중 유식한 이를 찾아 물으니, "산신은 참으로 신령하여 그 조화 능력이 말로 다 형용하지 못할 것이다" 그리고 "정성이 지극한 사람에게는 혹 보이기도 할 것이다"라는 얘기를 들었다. 그 얘기를 듣고 산신을 만나면 그동안의 의문을 해결할 수 있으리라는 기대와 희망을 품었다. 지금 생각하면 순박하기 짝이 없는 생각일지 모른다. 많은 어른들이 정성껏 산신제까지 올리는 것을 가까이서 지켜보았던 소태산의 입장에서는 산신의 존재를 믿지 않을 이유가 없었다.

산신을 만날 수 있다는 기대에 들뜬 소태산은 잠시 서당을 멈추고 본격적인 구도에 나섰다. 먼저 길룡리 영촌마을에서 구호동(九虎洞)을 지나서 구수산(九岫山) 오르는 길목에 마을 사람들이 자주 찾는 정자나무 아래 기도터에서 간단히 준비한 제수(祭需, 제사에 쓰는 물건이나 음식)를 올리고 기도를 시작했다. 하지만 얼마 후 '인적이 드물고 탁 트인 곳을 찾아서 기도를 올리면, 산신이 자신을 찾기가 더 쉽지 않을까'하는 생각이 들었다. 곧 구수산 중턱 삼밭재 인근 마당바위를 기도장소로 정하고 정성을 이어갔다. 지금은 삼밭재 마당바위에 기도하러 오는 순례자나 오가는 등산객들이 종종 있지만, 당시에는 인적이 드물고 종종 호랑이가 나온다는 곳이었다.

　이곳에서 소태산은 11세부터 만 4년을, 햇수로는 5년을 기도했다. 10대 소년이 험한 산길을 오르내리며 오랜 기간을 한결같은 정성으로 기도를 올렸다는 것은 상상하기 어려운 일이다. 개인의 큰 발원과 굳은 의지, 그리고 지극 정성, 거기에 아낌없는 부모의 후원 등이 있었기에 그나마 가능했을 것이다. 결국에는 원했던 산신과의 만남은 이루지 못했다. 설령 산신과의 만남이 이루어졌다 할지라도, 원했던 인도상(人道上)의 요법, 일상생활의 요법 등은 얻지 못했을 것이다. 하지만 이 시기에 정성껏 올린 기도로 소태산은 큰 일심정력(一心定力, 오직 한 가지 일에만 정성을 기울임)을 얻게 됐으며, 이후 이는 큰 깨달음을 이루는 바탕이 됐다.

　15세가 되었을 때 소태산은 한 살 연상인 영광군 홍곡리 규수인 제주 양씨(하운)를 만나 혼인했다. 새해를 맞이하여 인사차 처가에 들린 소태산(처화)은 당시 마을 사람들이 모여서 읽던 『조웅전(趙雄傳)』 등 고대소설을 접하게 됐다. 『조웅전』은 주인공 조웅이 철관도사를 만나서 뜻을 이루었다는 내용이다. 이를 인상 깊게 들었던 소태산은 그 모습을 아는 이 없

소태산이 5년여간 기도했던 삼밭재 마당바위와 움막 터
(위, 1943년 촬영)와 1990년 움막 터에 조성한 기도실(아래)

는 산신을 만나기보다는 사람의 모습을 한 도사를 만나 의문을 해결하는 게 더 합당하리라 여겼다. 이때부터 소태산은 산신을 만나 의문을 해결하려던 전날의 계획을 바꾸어 오직 도사를 만나기 위해 백방으로 찾아 나섰다.

이 시기의 일화 중 소태산이 어느 한 걸인이 대몽시(大夢詩)의 한 구절인 "대몽수선각 평생아자지(大夢誰先覺 平生我自知)" 낭독을 듣고 그 행색은 걸인이나 혹시 숨은 도인이 아닐까 하여 집으로 모셔서 극진히 대접했다는 얘기가 있다. 이 대몽시는 "큰 꿈 누가 먼저 깨칠까? 평생 나 스스로 알았네"라는 뜻이다. 삼국지에서 유비는 제갈공명을 얻고자 그가 머물던 초가집을 세 차례나 찾아가는 삼고초려(三顧草廬)를 했는데, 이 시는 세 번째 방문했을 때, 장시간 잠자던 공명이 잠을 깨며 읊었던 시이다. 소태산도 모든 의문을 풀어 줄 스승을 삼고초려의 심경으로 찾아다녔을 것이다. 하지만 그 걸인에게 이것저것 궁금한 점을 물었으나 결국 아무것도 모르는 사람으로 판명 났다. 이 시기에 소태산이 어떤 이를 만났으며, 어떤 수행을 했는지 정확히 알 수는 없다. 다만 유·불·도 전통 3교는 물론 동학, 증산, 그리고 기독교 등도 직간접적으로 접했음은 분명하다.

유학의 기본은 어릴 적부터 서당에서 배웠다. 첫 서당은 중간에 그만두었으나 다시 11세부터 15세까지 서당을 오가면서 『통감(通鑑)』을 뗐다고 한다. 한편 예로부터 영광 일대에는 불갑사를 비롯하여 구수산 일대에 수많은 암자가 있었으니, 불교의 가르침을 어렵지 않게 접했을 것이다. 또한 개항 이후 개신교 선교사들의 적극적인 선교 활동이 있었는데, 1905년에는 남장로회 선교사 유진 벨(Eugene Bell, 한국명 배유지)에 의해 영광 최초의 무령교회(이후 영광교회)가 들어섰다. 구사고행 중이던 소태산도 그 소식을 접했을 것이다.

실제 소태산이 구도 중 인근 사찰에서 불상의 영험과 위력을 시험했다거나 예배당에서 하느님의 권능을 시험했다는 이야기 등이 전한다. 믿기지 않는 허무맹랑한 이야기라고 치부할 게 아니다. 이는 신앙의 위력이 이름이나 형상에 있는 게 아니라, 어디까지나 인과보응의 이치에 따른 정성 여하에 달려있음을 직접 체험하는 과정이었다. 이는 훗날 소태산이 '진리불공(眞理佛供)'과 '실지불공(實地佛供)'을 강조하는 배경이 된다. 진리불공이 마음속으로 진리 앞에 각자 원하는 바를 고백하고 뜻과 같이 이뤄지길 염원하는 심고(心告)와 기도 등을 말한다면, '실지불공'은 상대에게 직접 정성을 드리는 구체적인 활동을 말한다. 진리불공이 궁극적 진리 전체를 그 대상으로 하는 보편적 불공법이라면, 실지불공은 상대가 처한 사실에 입각한 맞춤형 불공법이라 할 수 있다.

한편 일본에 망명해 있던 동학의 제3대 교주 의암 손병

희(義菴 孫秉熙, 1861~1922)는 1905년 '동학'의 교명을 '천도교 (天道教)'로 개칭했다. 의암은 천도교를 근대 종교로서 면모를 갖추어 국가로부터 공인받고자 했다. 그는 동학에 대한 탄압 이 뜸해진 틈을 타서 귀국해 국내 친일 세력과의 관계를 정리 하는 한편 차츰 그 활동 영역을 확장해 나갔다. 그렇게 1919 년 3·1운동 즈음에는 천도교가 기독교와 양립했다(이영호, 2020).

이처럼 동서양의 종교가 각축하던 시기였지만, 소태산 은 여전히 자신의 의문을 풀어 줄 스승을 만나지 못했다. 당시 구도 과정에서 부모님의 후원은 절대적이었다. 기도하러 갈 때면 어머니는 손수 제수(祭需)를 마련해 주었고, 아버지는 처 남에게 부탁해 삼밭재에 움막까지 지어 주었다. 그리고 도사 (道師, 스승)를 찾아 헤매는 동안 아들의 의문을 해결하는데 혹 시 도움이 될까 하여, 아들이 도사라고 데려온 사람들을 극진 히 대우했다. 아버지는 경제적으로 부유하지는 않았지만, 형 편이 그리 어렵지는 않았다. 주변의 평판의 좋고 신용이 있었 기에 여기저기에서 경제적 도움을 받을 수 있었다. 하지만 구 도의 과정에서 어렵지 않았던 가정 형편도 점차 기울어 갔다. 그러던 중 20세가 되던 1910년, 소태산은 내외로 큰 시련에 봉착했다. 안으로 가장 큰 후원자였던 아버지가 돌아가셨고, 밖으로 일본에 국권을 강탈당하는 경술국치를 겪어야 했다.

소태산은 부친을 잃고 나라를 잃었다. '이 일을 장차 어찌할 꼬' 참으로 막막했을 그 심경을 어찌 말로 다 할 수 있을까?

결국 자신의 의문을 해결해 줄 큰 스승을 만나지 못한 채 '이 일을 어찌할꼬'하는 한 생각만 깊어졌다. 여기서 '이 일'은 그동안 품었던 의문을 해결하는 일이다. 의문이 풀리기는커 녕 점점 더 깊어졌다. 결국 어떤 분별도 끼어들 수 없는 '의단 (疑團, 의심덩어리)'이 되었다.

아버지의 죽음으로 가세는 더욱 기울었으며, 부친의 신 용과 평판을 믿고 빌렸던 대금도 이제는 직접 해결해야만 했 다. 이웃 부호의 빚 독촉에 시달려야 했기에 어려운 경제 형 편을 계속해서 외면할 수는 없었다. 결국 부친과 친분이 있었 던 김성서의 도움을 받았다. 김성서는 누이의 수양딸인 바랭 이네(李願華)를 처화(소태산)에게 소개해 주었다. 당시 근처 구 호동 집에는 부인 양하운이 노모를 모시고 어렵게 가정을 꾸 리고 있었기에 바랭이네의 뒷바라지는 소태산의 구도 과정 에 큰 힘이 되었다. 훗날 소태산은 7살 연상이었던 바랭이네 를 호적에 올렸으며, 전무출신(專務出身, 원불교 출가자의 호칭) 제 1호라고 하여 그 공적을 드러내 주었다.

아버지의 사후 계속된 소태산의 구도 과정에서 바랭이 네는 최대의 후원자였다. 음식 솜씨가 좋은 그녀가 길룡리와 천정리를 오가는 길목인 귀영바위 앞에서 음식 장사를 하면서 어느 정도 생계는 해결했다. 하지만 씀씀이가 후한 그녀는 손님들에게 인기는 많았으나 셈이 빠르지 않아서 실제로는 이익을 남기지는 못했다. 이에 천정리 이인명(외삼촌 유성국의 친구)의 주선으로 파시(波市, 풍어기에 열리는 생선시장)에 장사를 나서게 됐다. 당시에는 영광 인근에 큰 파시가 열리곤 했다. 특히 임자도 앞바다에 민어는 잡자마자 전량 일본으로 수출할 정도도 인기가 있었다. 파시는 한 철 장사지만, 큰 수익을 올릴 기회였다.

그렇게 소태산은 바랭이네와 외삼촌 유성국, 그리고 이인명 등과 함께 임자도 타리섬(대태이도)을 향했다. 11세 연상인 유성국(유건)과 이인명(이순순)은 훗날 소태산의 아홉 제자중 한 사람이 된다. 한편 타리섬을 찾은 소태산 일행은 민어잡이 배에 물품을 제공하는 장사를 했다. 소태산 일행에게 물품을 받은 배들이 모두 만선이 되어서 돌아오니 뱃사람들에게곧 소문이 돌았고 장사가 잘되었다. 그렇게 목돈을 마련하여돌아온 소태산은 그동안 쌓인 채무를 모두 청산했고, 곧 원래목적했던 구도에 다시 매진했다(박용덕, 2022a).

도사를 찾아 헤매는 고행은 소득 없이 지나갔다. 소태산의 탄식은 깊어지고, 점차 '이 일을 장차 어찌할꼬'하는 한 생각만 남았다. 소태산은 「탄식가」에서 당시의 심경을 이렇게 말했다.

"매일 통곡 이러하며 어찌하여 알아볼까/어찌하여 생사고락 그 이치며 우주만물 그 이치를 알아볼까/이러구러 발원(發願)하여 이 산으로 가도 통곡 저 산으로 가도 통곡/사방 두루 복배(伏拜)하고 산신을 만나 볼까 도인을 만나 볼까 이인(異人)을 만나 볼까/일편단신(一片單身) 되었으니 의식 도리 전혀 없어 일일삼시(一日三時) 먹는 것이 구설음해(口舌陰害) 욕이로다."

그 막막한 심경이 결국 '이 일을 어찌할꼬' 의두가 되어 뭉친 것이다. '이 일을 어찌할꼬'는 흔히 선가에서 유행하던 '이 뭐꼬' 화두와 그 역할이 크게 다르지 않다. 그것은 이전의 생각과 관념을 일단 멈추게 한다. 우리가 모든 분별을 내려놓을 때, 비로소 청정한 본성이 회복되고 지혜의 광명이 드러난다. 하지만 '이 뭐꼬'가 '무엇'에 초점이 있다면, '이 일을 어찌할꼬'는 '어떻게'에 방점이 있다. 실제 소태산의 영적 깨침에는 진리에 관한 앎만이 아니라 그것의 실행에 대한 고민이 깊이 담겨 있다. 막상 어떤 일을 당하면 그에 따라 생각이나 감정 등 여러 분별이 일어나기 마련이다. 이때 그저 '어찌할꼬' 할 뿐이다. 그렇게 하늘이 무너지고 땅이 꺼지는 깊은 탄식의 마음을 담아서 그저 '어찌할꼬' 할 뿐이다. 그렇게 오직 '이 일을 어찌할꼬' 한 생각이 의단이 되었다.

이때부터 산신이든 도사이든 밖으로 답을 구하려던 시도를 그만두고 안으로 '이 일을 어찌할꼬'하는 한 생각뿐, 일체 다른 일들에 마음을 두지 않았다. 밖으로 찾는 일을 멈추고 선정에 드는 일[入定]이 잦아지면서 점차 때와 장소를 가리지 않고 '우두커니'가 되었다.

소태산은 일상생활은 둘째 치고 아무 곳에서나 선정에 들었다. 어느 날에는 아침을 먹으려고 숟가락을 든 채 그대로 선정에 들어서 파리가 숟가락 위에 새까맣게 붙을 정도로 우두커니 종일 앉아 있었다. 하루는 법성포로 장 보러 가기 위해 선진포 나루터에서 배를 타려고 기다리는 중 선정에 들었다. 다른 이들이 모두 장을 마치고 돌아올 때까지도 우두커니 서 있기도 했다. 소태산은 그렇게 하루에도 몇 번씩 깊은 선정에 들면서 정상적인 생활이 쉽지 않았다. 점차 몸 상태도 안 좋아지면서 주위에서는 폐인이 되었다며 걱정이 적지 않았다. 소태산의 딱한 처지를 알고 평소 수행에 관심 많던 12세 연상인 의형 김성섭(김광선)이 고창 심원에서 한약방을 운영하던 김준상에게 부탁하여 연화봉에 있는 초당에서 장시간 수행에 전념할 수 있도록 주선해 주었다. 그렇게 고창 연화봉을 찾아 오롯이 정진했다.

그러나 수행에 장애물이 없었던 것은 아니다. 정진 중에

김준상의 딸이 연모의 마음을 가지고 초당을 찾아온 일이 있었다. 하지만 소태산의 간절한 구도 일념을 막을 수는 없었다. 소태산은 단호했으며, 털끝만큼의 사심도 끼어들 틈을 주지 않았다. 입산할 때 쌀 한 말을 가지고 올라갔는데, 세 달간 쌀 여덟 되로 지냈다고 한다. 보통 사람은 한 달에 한 말 두 되 이상을 먹는다고 하니, 이 시기에 얼마나 정진했을지 짐작케 한다(박용덕, 2022a).

흔히 깊은 수행을 위해서는 세속을 등지고 산중이나 숲속 등 깊은 사찰이나 은둔처를 찾아가는 경우를 종종 본다. 실제 속세의 인연과 일상의 터전을 떠나지 않은 채 수도에만 집중한다는 게 쉬운 일이 아니다. 특히 유년 시절부터 살아온 과정을 다 보았던 동네 어른들이나 주변의 친척, 그리고 함께 자란 친구들이 함께 사는 곳에서 남의 눈에 띄지 않고 깊은 수도를 한다는 것은 거의 불가능한 일이다. 또한 현실에서 가정의 경제적 어려움이나 일상적인 삶의 유혹 등 수행을 방해하는 경계가 적지 않았을 것이다.

위의 두 일화는 소태산이 구도 과정에서 공식적으로 영광 땅을 떠난 사례들이다. 먼저 타리파시를 찾은 것은 경제적 어려움을 해결하는 과정이었다면, 다음 연화봉에서는 일상 수행의 한계를 극복하고 깊은 선정 삼매에 들기 위한 선택이었다. 일상생활을 떠나지 않은 채, 공부와 수행에 전념한다는 것은 결코 쉬운 일이 아니다. 경제적 어려움이나 이성의 유혹 등 현실의 경계와 심리적 장애를 반드시 극복해야만 한다. 이 과정을 통해 소태산은 재와 색 등 세속의 경계로부터 자유를 얻었고, 이후 오롯이 수행에 매진할 수 있었다.

소태산은 점차 일상에서도 한참을 선정에 들었다 나왔다 하면서, 입정(入定)과 출정(出定)을 반복했다. 음과 양, 정과 동을 오가면서 하루에 몇 번씩 의식이 밝아졌다가 어두워지기를 반복했다. 그렇게 밝아졌을 때는 모르는 게 하나도 없는 것 같았다가도, 어두워질 때는 무엇 하나 제대로 아는 게 없는 것 같았다. 이렇게 반복하다가 차차 한결같아지면서 정신이 상쾌해지고, 마침내 진리가 걸림 없이 알아졌다.

의문은 '이성적'이지만,
깨달음은 '영성적'이다.

2장

깨달음, 영성의 꽃

일원상의 진리를 깨치다

평범한 의문에서 시작된 소태산의 영적 여정은 한결같이 올렸던 기도의 정성으로, 전통과 형식에 구애받지 않았던 구도의 열정으로, '이 일을 장차 어찌할꼬' 사무친 의단으로, 그 한 생각마저 내려놓은 깊은 선정으로, 드디어 일과 이치에 막힘 없는 큰 깨달음으로 일단락됐다. 소태산은 밖으로 도를 구하고자 산신과 도사를 만나려 했으나 밖에서 구할 수 없음을 알았다. 그리고 밖으로 향하던 주의와 광명(빛)을 안으로 돌렸다. 이 과정에서 반드시 모든 분별을 내려놓는 선정(입정 삼매)이 필요하다.

의문이란 이성적 한계와 개념적 모순에 의한 것이다. 만약 이성과 개념 그리고 분별로도 그 답을 할 수 없을 때, 그 의문은 제대로 의두(疑頭, 진리를 깨치기 위한 의심 머리)가 된다. 이미 이성, 개념, 분별을 통해 이해하고 답할 수 있다면 그것은 더 이상 의두가 아니다. 의문은 '이성적'이지만, 깨달음은 '영성 적'이다. 의문은 개념의 한계로 분별에 묶여있지만, 깨달음은 개념을 넘어서 분별을 떠나 있기 때문이다. 판단을 중지한 채 무분별의 상태로 다시 보는 것, 그때야 비로소 있는 그대로 진 실이 드러난다. 이성적으로 묻고 영성적으로 답한다. 영성은 본질적으로 이성과 대립하지 않는다. 영성은 이성을 포용하 고 있으며, 심지어는 이성을 통해 온전히 드러난다. 그러므로 영성을 떠나지 않고 이성으로 답하는 것이다. 이때의 이성은 영성을 품은 이성이다. 먼저 이성적 분별로 의문을 품지만 분 별 없는 영성, 즉 무분별의 상태에 들어가야 비로소 그 의문을 풀 수 있다. 그리고 다시 분별을 드러낼 때는 무분별을 떠나지 않은 상태에서 분별로 답한다. 이때의 분별을 우리는 '영성적 분별'이라 할 수 있다. 그러므로 이성적 분별로 묻고 영성적 분별로 답한다는 말이 좀 더 정확할지 모르겠다.

궁극적 진리는 결국 말과 설명으로 다 전할 수 없는 불가 설(不可說)의 측면이 있다. 붓다도 형이상학적인 물음에는 무 기(無記)로 응할 뿐 즉답을 하지 않았다.

"우주는 시간적으로 영원한가, 영원하지 않은

깨달음, 영성의 꽃

가, 영원하기도 하고 영원하지 않기도 하는가, 영원한 것도 아니고 영원하지 않은 것도 아닌가. 우주는 공간적으로 유한한가, 무한한가, 유한하기도 하고 무한하기도 한가. 유한한 것도 아니고 무한한 것도 아닌가. 자아와 육체는 동일한가, 별개인가. 여래는 육체가 죽은 후에도 존재하는가, 존재하지 않는가, 존재하기도 하고 존재하지 않기도 하는가, 존재하는 것도 아니고 존재하지 않은 것도 아닌가."

– 『중아함경』 제10 「전유경」

이러한 형이상학적 질문이나 존재론적 질문에 이성적으로 답하는 것은 그다지 진리적이지도 않지만, 실용적이지도 않다. 설령 어떤 답을 했다 하더라도, 그 답은 오답일 가능성이 크다. 거기에는 원래 정해진 답이 있지 않기 때문이다. 간혹 맞는 답이라도 그것은 마침 상황이 잘 맞아서 정답과 같은 역할을 할 뿐이다. 현실로 주어진 조건이나 상황은 계속 변한다. 그러므로 언제까지나 깨어있는 마음으로 그 조건과 상황에 응할 뿐이다.

『금강경』에서는 "응하여도 머무는 바 없이 그 마음을 일으켜야 한다[應無所住而生其心]"고 했다. '응하여도'는 원래 마땅히 그러해야 한다는 뜻이다. 마땅히 어느 한 편에 머무르지 않으며 그 마음을 일으켜야 한다는 뜻이다. '응하여도', 즉 어떤 경계(즉 주어진 조건이나 상황)를 대하더라도, 이미 정해진 답에 얽매이지 않고 지금 여기 이 순간 깨어있는 마음으로 그 대상의 근기나 주변의 관계 등을 고려해야 한다. 나가르주나[龍樹]도 현실적 진리[세속제(世俗諦)]와 궁극적 진리[제일의제(第一義諦)]를 구분했다. 현실적 진리가 언어적으로 설명이 가능한 진리라면, 궁극적 진리는 언어적으로 설명할 수 없는 진리이다. 현실의 모든 존재는 변화하며, 고정불변한 실체는 없다. 그러므로 나가르주나는 공성(空性)을 강조했다. 우리는 현실 세계를 언어적으로 분별하고 개념적으로 인식한다. 이때 분별된 개념에 해당하는 실체가 있다고 인식하며, 그 분별성(실체성)에 가려서 세상을 있는 그대로 인식하지 못한다. 여기서 실체(substance)라는 것은 어떤 상황에도 변화하지 않는 자기고유성[自性]을 말한다. 하지만 현실 세계의 모든 존재를 있는 그대로 관찰하면, 고정불변한 실체(자성)라고 할 만한 것이 없음을 여실히 알고 보게 된다.

소태산도 의문에 관한 정해진 답을 쉽게 구할 수 없었다. 이성적 사유와 개념적 분별로는 더 이상 접근할 수 없는 진리적 한계가 컸다. 동시에 소태산이 겪어내야 했던 19세기 말, 20세기 초 급변하는 시대 상황을 제대로 인식하고 적응하

깨달음, 영성의 꽃

는 데 현실적 한계도 매우 컸다. 누구도 가보지 못했던 길, 어디로 가야 할지 어떻게 가야 할지 알지 못했던 막막한 심경은 이루 말할 수 없었다. 말문이 막히고 손발이 묶였다. 한 마디로 무지하고 무능했다. 모르는 것 천지요, 의문투성이였다. 안으로 근본에 관한 무지[無明]도 문제였지만, 밖으로 현실에 관한 무지도 심각했다. 현실 무지는 세상의 변화에서 오는 자연스러운 현상이다. 하지만 과거 어느 시대보다 오늘날 시대 상황의 변화와 주변 환경의 변화는 그 속도가 너무 빠르다. 변화의 원인도 알지 못한 채 변화에 휩쓸려가고, 변화된 환경에 제대로 적응하지 못한 채, 고통스러운 현실을 살아가곤 한다.

그러므로 이러한 의문을 풀어갈 때는 먼저 끝없이 펼쳐져 가는 의문의 가지들을 하나로 거두어 분별 이전으로 되돌리는 일이 무엇보다 중요하다. 그 과정에서 밖에서 구하려던 마음, 외부 대상에 의지하려는 마음을 거두고 안으로 되돌리는 마음의 방향 전환이 필요하다. 한마디로 이성에서 영성으로의 전환, 분별에서 무분별로의 전환이다. 이러한 전환을 통해 의문은 마침내 그 뿌리를 드러낸다. 그 머무를 바 없는 근원[무주(無住)의 근원]을 자각함으로써, 의문의 실타래가 풀리게 된다. 이렇게 하나의 의문이 풀리면, 그로부터 천만 가지 의문도 따라서 풀린다. 소태산도 그렇게 의문 너머 선정에 들었고, 이성적 분별을 놓고 깊은 입정 삼매에 들기를 반복했다. 장을 보러 가는 길에 우두커니 한나절을 보내거나 숟가락을 든 채 한나절을 밥상 앞에 앉아 있기도 했다. 한동안 정(靜)과 동(動)을 오가면서 입정(선정에 듦)과 출정(선정에서 나옴)을 반복했다.

소태산의 출정 과정을 (그의 법통을 이은) 정산은 「불법연구회창건사」●에서 다음과 같이 기술하고 있다.

"1916년 4월 28일(음 3월 26일) 새벽에 대종사 묵묵히 앉아 있는 중에 우연히 정신이 쇄락하여 전에 없는 새로운 기분이 있으므로, 이상히 여기고 창을 열고 나와서 사면을 살펴보았다. 때에 천기가 심히 청량하고 별과 별이 교교(皎皎, 맑고 밝음)하였다. 이에 그 맑은 공기를 호흡하며 장내를 두루 배회하니, 문득 이 생각 저 생각이 심두(心頭)에 나타나서 여러 해 전부터(年來)에 지내온 바가 모두 고생이 아닌가 하는 생각이며, 고생을 면하기로 하면 어떻게 하겠다는 생각이며, 날이 밝으면 우선 머리도 빗고 손톱도

● 「불법연구회창건사」는 원불교 역사를 최초로 정리한 글로서 『회보』 제26호 (1937년 8월호)에서 제37호(1938년 11월호)까지 연재된 글이다. 창립의 한도로 볼 때, 소태산의 탄생(1891년)에서부터 제1대 제1회인 1927년까지의 역사를 기술했다.

깨달음, 영성의 꽃

소태산 대종사 대각지의 '일원탑(一圓塔)'과 '만고일월비(萬古日月碑)'

자르고 세수도 하리라는 등의 생각이 계속되었
다. 어언간 날이 밝음에 먼저 청결하는 기구 등
을 찾으니, 좌우 가족은 대종사의 의외 행동에
일변은 놀라고 일변은 기뻐하여 그 동작을 주
시하였으니, 이것이 출정의 초보이다."

그렇게 소태산은 수시로 우두커니 상태로 때와 장소를 가리
지 않고 한참을 선정에 들곤 했다. 의식도 밝아졌다가 어두워
졌다가를 반복했다. 그러다가 1916년 음력 3월 26일 새벽에
'정신이 쇄락하여 전에 없는 새로운 기분이 있었다'라고 했다.
'쇄락(灑落)하다'는 것은 몸과 마음이 맑고 깨끗하여 상쾌한
상태이다. 이때의 심경을 소태산은 "청풍월상시 만상자연명
(淸風月上時 萬像自然明,『대종경』성리품 1장)"이라고 밝혔다. 그리
고 고생스러웠던 지난 일들과 그 고생을 면할 방법이 떠올랐
다. 소태산은 날이 밝자 청결을 위한 기구를 찾아 머리카락을
빗고, 손톱을 자르고, 세수도 했다. 한동안 폐인 취급 받던 사
람이 일상으로 돌아오자 주변 사람들은 한편 놀라고, 한편 기
뻐했다.

    소태산이 깨달음을 얻은 장소, 즉 대각지(大覺地)를 '노
루목(獐項)'이라고 한다. 노루목은 중앙봉 능선의 아래쪽이다.
중앙봉에서 대각지까지 흘러 내려오는 능선의 모습이 마치

목을 늘어뜨려 물을 마시는 노루를 연상케 한다. 그 노루를 아홉 마리의 호랑이가 노려보는 형상이라 그 일대를 '구호동(九虎洞)'이라고 했다. 노루목은 법성포에 가기 위해 많은 이들이 오가는 길목으로 넓고 평평한 고인돌이 놓여 있어 행인들이 잠시 쉬어 가는 곳이었다.

이날 아침에도 부근을 지나던 이들이 경전 문구를 논했다. 그 소리를 듣고 소태산은 한 생각을 넘지 않고 그 뜻이 밝게 알아졌고, 스스로 대각을 직감했다.

> "아침 식후에 근처를 지나던 이들이 천도교 『동경대전』의 "오유영부 기명선약 기형태극 우형궁궁(吾有靈符 其名仙藥 其形太極 又形弓弓)"을 듣고 문득 그 의지가 해석되어 대단히 신기하게 여겼다. 이는 「포덕문」의 구절이다. 그리고 얼마 후, 『주역』의 "대인여천지합기덕 여일월합기명 여사시합기서 여귀신합기길흉(大人與天地合其德 與日月合其明 與四時合其序 與鬼神合其吉凶)"이라는 구절에 대해 논함을 듣고 그 의지가 확연히 밝아졌다. 이에 마음이 밝아지는 증거가 아닌가 하여 전일에 원하던 모든 의심을 차제로 연마해보니 모두 한 생각을 넘지 아니하여 드

디어 대각을 이루었다."

먼저 『동경대전』 「포덕문」에서는 "내게 영부가 있으니, 그 이름은 선약이고, 그 형태는 태극 또는 궁궁이다"라고 했다. 「포덕문」은 수운이 '포덕(布德)'의 의미를 알리기 위해 쓴 글이다. 특히 이 글은 1860년 4월 5일 수운의 대각 순간과 그 과정을 담고 있다. 위의 인용구는 수운이 득도할 때, 상제(하늘님)에게 들었다는 내용이다. 여기서 '태극(太極)'이나 '궁궁(弓弓)'은 상제로부터 받은 영부의 모습이다. '궁궁'은 활 두 개를 맞댄 모양이다. 그 모습은 '○(일원상)'과 다름 아니다.

　이어서 『주역』 「논학문」에서는 "대인은 천지와 더불어 그 덕을 합하고, 일월과 더불어 그 밝음에 합하고, 사시와 더불어 그 차서에 합하고, 귀신과 더불어 그 길흉에 합한다"라고 했다. 이 구절은 '건위천(乾爲天)' 괘 문언전(文言傳)의 내용이다. 건위천은 주역의 64괘 중 첫 괘로 상괘와 하괘가 모두 건천(乾天)이라 '중건천(重建天)'이라고도 하는데, 괘의 풀이를 보면 "군자는 이 네 가지 덕(四德, 인·의·예·지)을 행한다. 그러므로 '건은 원형이정'이라 한다"라고 설명하고 있다. 성자의 깨친 바가 '도(道)'라면, 성자의 행한 바는 '덕(德)'이다. 소태산은 『대종경』 인과품에서 도와 덕의 관계를 설명하며, 도는 "무엇이든지 떳떳이 행하는 것"이라 했고, 덕은 "어느 일을 막론하고 오직 은혜가 나타나는 것"이라고 했다. 도를 행하면 덕이 나타난다. 앞의 구절이 도(道)로 일원의 진리를 드러낸 것이라면, 뒤의 구절은 덕(德)으로 그 은혜를 나타낸다.

소태산은 위의 구절들을 듣고 그 뜻이 확연히 밝아졌다. 이에 지금까지의 모든 의문을 차례로 연마해보니 모두 한 생각을 넘지 않았다. 그렇게 대각을 이루었다. 이 모습을 보면, 「심청가」 중 '심봉사 눈뜨는 대목'이 떠오른다.

> "심봉사 눈을 뜨고 보니 세상이 허적허적 허제,
> 심봉사 눈 뜬 바람에 여러 만좌 맹인들이 모도
> 개평으로 눈을 뜨는디, 눈뜨는데도 장단이 있
> 던가 보더라. 만좌 맹인이 눈을 뜬다. 전라도 순
> 창 담양, 세갈모 띠는 소리로 쫙 쫙 쫙 허더니마
> 는, 모다 눈을 떠버리는구나. 석 달 동안 큰 잔치
> 에, 먼저 당도 참례하고 내려간 맹인들도 저의
> 집에서 눈을 뜨고, 미처 당도 못한 맹인, 중로에
> 서 눈을 뜨고. 가다 뜨고, 오다 뜨고, 서서 뜨고,
> 앉아 뜨고, 어이없이 뜨고, 실없이 뜨고, 화내다
> 뜨고, 울다 뜨고, 웃다 뜨고, 눈을 끔적거리다 뜨
> 고, 눈을 비벼보다가 뜨고, 시원히 일하다 뜨고,

무단히 뜨고, 떠보느라고 뜨고, 졸다 번쩍 뜨고, 지어(至於) 비금주수(飛禽走獸)까지, 일시에 눈을 떠서, 광명천지가 되었구나."

심봉사는 말 그대로 '마음(心) 장님(중생)'이다. 한 심봉사가 눈을 뜨니, 모든 심봉사(어리석은 중생)가 일시에 마음의 눈을 떴다. 그렇게 광명천지가 됐다.

하나의 의문이 풀리니, 모든 의문이 일시에 풀렸다. 한 사람이 깨치니, 모두가 일시에 깨침을 얻었다. 하나의 꽃이 피니, 모든 꽃이 일시에 만발했다. 그렇게 영성의 꽃이 활짝 피었다. 영성의 꽃은 진리의 꽃이고 은혜의 꽃이다. 깨치고 보니 일원상 아님이 없고, 깨치고 보니 은혜 아님이 없다. 모두가 부처요, 모두가 은혜이다. 그러므로 가는 곳마다 불공하며, 모든 일에 감사할 뿐이다.

깨달음, 영성의 꽃

깨달음과 최초 법어

소태산이 깨친 과정을 돌아볼 때, 한 가지 인상적인 것은 탄생에서 대각까지 자신의 고향 영광을 떠나지 않았다는 점이다. 발심과 구도의 과정에서도 그렇지만, 대각 후에도 한동안 영광을 떠나지 않았다. 그리고 대각 후 그의 첫 행동 또한 인상적이다. 청결 기구를 찾아서 우선 머리카락도 빗고 손톱도 자르고 세수도 했다. 대각 후 첫 행보가 일상의 회복 혹은 일상으로의 복귀였다.

깨달음은 누구나 할 수 없는 특별한 경험인가? 아니면 누구나 할 수 있는 보편적 경험인가? 실제 깨달음은 특정한 시간과 특정한 장소에서 이루어지는 특별한 경험이라 할 수 있다. 하지만 그 일은 언제나, 어디서나, 그리고 누구에게나 일어날 수 있다는 점에서 보편적 경험이기도 하다. 그것은 일상을 초월한 경험이지만, 일상을 떠나지 않는 경험이다. 소태산은 구도 과정에서 일상의 삶에 의문을 던졌고, 그 의문을 해결하기 위해 일상의 삶을 극복하고 초월했다. 하지만 한순간도 일상의 삶을 떠나지 않았다. 특히 소태산은 일상의 삶 속에서 발심하고 구도하고 대각했다. 그렇다면, 소태산의 깨달음은 무엇인가?

소태산은 대각일성으로 "만유가 한 체성이요, 만법이 한 근원이로다. 이 가운데 생멸 없는 도와 인과보응 되는 이치가 한 두렷한 기틀을 지었도다(『대종경』서품 1장)"라고 밝혔다. 만유가 한 몸이고 만법이 한 뿌리이다. 이는 하나 둘 셋 등의 '상대의 하나'가 아니라 상대가 끊어진 '절대의 하나'이다. 하나의 진리를 깨쳤다. 그 '한 두렷한 기틀'을 '○'으로 상징하고, 이 일원상을 신앙의 대상과 수행의 표본으로 삼았다. 진리는 하나인데, 표현하자니, 두 측면이 있을 뿐이다. 있는 면과 없는 면, 그 진리의 양면을 불생불멸(不生不滅)과 인과보응(因果報應)으로 제시한 것이다.

불생불멸은 분별이 끊어져 생도 멸도 없는 자리[無]를, 인과보응은 분별이 나타나 생멸 변화하는 자리[有]를 밝혔다. 불생불멸은 모든 분별이 떠난 무위(無爲)의 세계, 공(空)한 자리로서 『중론』의 팔불중도(八不中道)에서 유래한 표현이다. 인

깨달음, 영성의 꽃

과보응은 현상계의 생멸하고 변화하는 유위(有爲)의 세계, 연기(緣起)의 이치를 말한다. 한 생각 분별이 놓고 보면 생멸 없는 지극히 평등한 진공 자리에 합하고, 한 생각 분별이 나타나면 인과의 이치에 따라 묘유(妙有, 실체가 없는 가운데 존재하는 모습)의 차별 세계가 펼쳐진다. 없는 면과 있는 면, 불변함과 변함, 정과 동, 진공과 묘유 등 진리를 양면으로 볼 수 있다. 그렇다고 어느 한편만 진리라고 할 수 있을까? 아니면 둘 다 진리일까, 둘 다 진리가 아닐까? 진리를 무엇이라고 규정하는 순간, 그 틀에 스스로 갇히고 만다.

그러므로 '이 뭐꼬' 혹은 '이 일을 어찌할꼬' 그렇게 '오직 모를 뿐'이다. 모든 분별을 부정하고 어느 한 편에 주착하지 않는다. 주함이 없는 자리, 즉 무주(無住)에 머무를 뿐이다. 이 자리는 진리의 본체로서 있는 것도 없고, 없는 것도 없다. 선도 없고 악도 없다. 옳은 것도 없고 틀린 것도 없다. 그 없다고 하는 말 또한 없는 자리이다. 하지만 어떤 조건이나 상황이 주어지면, 필요에 따라 모든 가능성이 열려 있다. 필요에 따라 좋을 수도 있고 나쁠 수도 있다. 이로울 수도 있고 해로울 수도 있다. '오직 그럴 뿐'이다. 이럴 수도 있고 저럴 수도 있다. 그 모든 가능성을 진리의 작용으로 있는 그대로 인정하고 수용한다.

우리는 '원래 깨친 존재' 본각(本覺)이며, 동시에 '비로소 깨친 존재' 시각(始覺)이다. 깨달음은 (원래 깨친 존재임을) 깨치지 못한 상태에서 (비로소 깨친 존재임을) 깨친 상태에 이른 것이다. 원래 깨친 존재로서 비로소 깨친 존재가 되었든, 어리석은 중생에서 드디어 깨달은 존재가 되었든, 중요한 것은 지금 여기 깨어있는 상태로 살아가는 것이다. 깨어있음은 마음챙김이요, 알아차림이다. 지금 여기 깨어있을 뿐, 지금 여기 마음챙길 뿐, 지금 여기 알아차릴 뿐이다. 그렇게 깨달은 존재로서 깨어있는 마음으로 살아가는 것이다.

깨달음(대각)을 얻은 후 소태산은 곧 일상으로 돌아왔다. 일상은 그가 태어난 곳, 그가 의문을 품고 발심한 곳, 그가 산신을 만나고자 기도의 정성을 들인 곳, 그가 스승 찾아 헤매던 곳, 우두커니 입정돈망(入定頓忘, 깊이 삼매에 들어서 의심조차 잊어버림)에 들었던 곳, 그리고 그가 폐인이 되었다고 주변 사람들이 걱정했던 곳이다. 하지만 소태산의 대각 소식을 듣고 곧바로 인정해 줄 리가 없었다. 그때의 심경을 「탄식가」에서 다음과 같이 읊었다.

"소원 성취한 연후에 사오삭(四五朔) 지내가니/
소원성취 이내 일을 어디 가서 의논하여/어느
사람 알아볼까 쓸 곳이 전혀 없어/이리 가도 통
곡 저리 가도 통곡/이 울음을 어찌하여 그만 둘

깨달음, 영성의 꽃

꼬/그칠 곳을 생각하니 허허담담(虛虛淡淡) 노
래로다."

당시는 동학농민혁명 이후 실의와 절망에 빠졌던 민중들이
증산(甑山 姜一淳, 1871~1909)의 가르침에 크게 쏠릴 때였다. 강
증산은 전라도 고부(현 정읍) 출신으로 동학에 참여해 전봉준
과 교분도 있었다고 하지만, 동학농민혁명에는 직접 동참하
지는 않았다. 이후 1901년 대원사에서 도통(道通)해서 상극의
선천 세계로 상생의 후천 세계를 개벽하는 천지공사(天地公
事)를 진행했다. 다시 개벽을 꿈꾸었던 민중들은 묵은 세상의
높은 벽에 좌절했지만, 증산의 가르침에서 다시 새로운 활력
을 얻었다. 증산은 "훔치훔치 태을천상원군 훔리치야도래 훔
리함리 사바하"라는 태을주(太乙呪)를 외우게 했다. 1909년 증
산 사후에는 여러 분파로 나뉘었지만, 그 영향력이 점차 충청
도, 전라도, 경상도 삼남(三南)에 널리 퍼졌다.

소태산이 대각할 당시 영광 일대에도 증산교의 분파인
태을도(훔치교)의 영향이 적지 않았다. 이에 소태산은 인심을
모으기 위해 이를 방편 삼아서 천제(天祭)를 올리고 태을주 치
성을 올렸다. 그렇게 7일간의 치성(致誠) 후, 개안(開眼, 진리를
깨달아 앎)하고 통령(通靈, 정신이 신령과 통함)했다. 곁에서 지켜봤
던 주변 사람들을 통해 소태산이 도통했다는 소문이 금세 인

근에 퍼졌다. 그렇게 소식을 듣고 찾아온 이가 40여 명에 이르렀다.

이 시기에 소태산은 구호동에서 선진포로 넘어가는 길목에 있는 범현동 이씨제각(李氏祭閣)에 머물렀다. 이곳은 전주이씨 세장산을 관리하던 김성섭(김광선)이 주선한 거처였다. 김성섭은 소태산과 어릴 적부터 알고 지냈던 이웃 동네 의형(義兄)으로서 구도 과정에서 많은 도움을 주었을 뿐 아니라 소태산의 대각 후 첫 제자가 됐다. 소태산은 이곳에서 현 사회를 관찰하고 시국에 대한 감상을 발표했다. 이것이 「최초 법어」로 전한다. 그 내용은 『대학』의 수신·제가·치국·평천하의 구도를 따랐다. 즉 수신의 요법, 제가의 요법, 강자약자의 진화상 요법, 그리고 지도인으로서 준비할 요법이 그것이다. 이 글은 훗날 정리된 것이며, 그 요지만이 1932년 『육대요령』에 실렸고, 이후 『정전』에 수록돼 전한다.

먼저 「수신(修身)의 요법」에서는 다음과 같이 제시했다.

  1) 시대를 따라 학업에 종사하여 모든 학문을
     준비할 것
  2) 정신을 수양하여 분수 지키는 데 안정을 얻
     을 것이며, 희·로·애·락의 경우를 당하여
     도 정의를 잃지 아니할 것

깨달음, 영성의 꽃

本會創立時第一回會集所(汎峴洞李氏祭閣)

소태산이 최초 법어를 설한 곳으로 현재는 소실된 이씨제각

3) 일과 이치를 연구하여 허위와 사실을 분석
   하며 시비와 이해를 바르게 판단할 것

4) 응용할 때에 취사하는 주의심을 놓지 아니
   하고 지행(知行)을 같이 할 것

소태산은 시대의 변화에 대응하여 미리 준비할 것을 먼저 당부했다. 그리고 정신수양(精神修養)·사리연구(事理硏究)·작업취사(作業取捨) 등 삼학 공부를 강조했다. 이 수양·연구·취사의 삼학은 불교 전통의 계·정·혜와 맥락을 같이 한다. 다만 소태산은 정학(定學)을 정신수양으로, 혜학(慧學)을 사리연구로, 계학(戒學)을 작업취사로 풀어서 일상의 경계에서 삼학 공부를 하도록 했다.

이어서 「제가(齊家)의 요법」은 다음과 같다.

1) 실업과 의·식·주를 완전히 하고 매일 수입 지
   출을 대조하여 근검 저축하기를 주장할 것

2) 호주는 견문과 학업을 잊어버리지 아니하
   며, 자녀의 교육을 잊어버리지 아니하며, 상
   봉하솔의 책임을 잊어버리지 아니할 것

3) 가권(家眷)이 서로 화목하며, 의견 교환하기
   를 주장할 것

4) 내면으로 심리 밝혀 주는 도덕의 사우(師友)
가 있으며, 외면으로 규칙 밝혀 주는 정치에
복종하여야 할 것

5) 과거와 현재의 모든 가정이 어떠한 희망과
어떠한 방법으로 안락한 가정이 되었으며,
실패한 가정이 되었는가 참조하기를 주의
할 것

각자의 처지에 따라 경제활동을 통해 자력을 갖추도록 했다.
특히 호주(戶主, 집안의 가장)는 자녀교육과 상봉하솔(上奉下率,
위로는 부모를 모시고 아래로는 처자식을 거느림)의 책임을 다하도록
했다. 가족 상호 간 의견교환을 주장했고, 안으로 심리를 밝히
고 밖으로 규칙을 준수하여 안락한 가정을 이루도록 했다. 실
제 소태산은 구도의 시기에 부친 사후 호주로서 책임을 다하
기 위해 타리파시를 다녀왔다. 빚 독촉에 시달리며 경제적 부
담을 짊어져야 했던 시절을 생각하면 일상에서 영적 여정을
지속하기 위해서라도 경제적 안정과 함께 안락한 가정을 이
루는 일이 매우 중요했다.

다음은 치국(治國)의 내용으로 「강자·약자의 진화(進化)
상 요법」을 제시했다.

1) 강·약의 대지(大旨)를 들어 말하면 무슨 일을 물론하고 이기는 것은 강이요, 지는 것은 약이라, 강자는 약자로 인하여 강의 목적을 달하고 약자는 강자로 인하여 강을 얻는 고로 서로 의지하고 서로 바탕하여 친불친이 있나니라.

2) 강자는 약자에게 강을 베풀 때에 자리이타 법을 써서 약자를 강자로 진화시키는 것이 영원한 강자가 되는 길이요, 약자는 강자를 선도자로 삼고 어떠한 천신만고가 있다 하여도 약자의 자리에서 강자의 자리에 이르기까지 진보하여 가는 것이 다시없는 강자가 되는 길이니라. 강자가 강자 노릇을 할 때에 어찌하면 이 강이 영원한 강이 되고 어찌하면 이 강이 변하여 약이 되는 것인지 생각 없이 다만 자리타해(自利他害)에만 그치고 보면 아무리 강자라도 약자가 되고 마는 것이요, 약자는 강자되기 전에 어찌하면 약자가 변하여 강자가 되고 어찌하면 강자가 변하여 약자가 되는 것인지 생각 없이 다만 강자를 대항하기로만 하고 약자가 강자로

깨달음, 영성의 꽃

진화되는 이치를 찾지 못한다면 또한 영원
한 약자가 되고 말 것이니라.

이 내용은 당시 일본 제국주의의 식민지로 전락해 버린 조선
의 아픈 처지를 생각할 때, 매우 의미심장하다. 단지 속절없이
현실에 좌절만 하지 말고, 그렇다고 무조건 저항만 하지도 말
며, 「약자가 강자되는 법」을 실행하자는 것이다. 「약자가 강자
되는 법」은 소태산의 법문을 이공주가 수필(手筆, 직접 받아쏨)
해서 『월말통신』 창간호(1928)에 실었다. 이는 어찌하다 강자
가 된 자라도 영원한 강자가 되려면 어떻게 해야 하는지, 어찌
하다 약자가 된 자라도 어떻게 하면 강자가 되는지를 밝힌 법
이다.

이 글에서 소태산은 강으로 영원한 강을 얻은 사례로 요
순과 석가모니를 들었고, 강으로 약을 얻은 경우로 과거 진시
왕(秦始王)이나 항우, 그리고 근세 독일의 빌헬름 2세(카이저)
를 들었다. 빌헬름 2세(1859~1941)는 철혈 재상으로 알려진 비
스마르크 총리를 실각시키고 제국주의를 선택했던 독일 제국
의 마지막 황제(재위 1888~1918)이다. 그의 과도한 팽창 정책으
로 독일은 주변국과 더욱 심한 마찰을 겪게 되었고 점차 고립
의 길을 되었다. 결국 독일은 제1차 세계대전에서 패전했고,
빌헬름 2세는 1918년 독일혁명(11월 혁명)으로 강제 퇴위했다.

소태산이 이 법문을 설할 당시에 생존해있던 인물이지만, 강자에서 약자로 전락한 인물의 대표적인 예로 지목된 것이다. 이는 당시 약자로 전락한 조선의 나아갈 길을 제시함과 동시에 강자로 군림하던 일본에 대한 경고의 메시지를 담고 있는 것이다.

이렇게 소태산은 약육강식론이 판치던 적자생존의 시대에 강대국과 약소국이 함께 진화하는 이른 바 강약공진화론(强弱共進化論)을 제시한 것이다. 즉 국제사회의 냉혹한 현실에서도 맹목적인 추종이나 무조건적 저항이 아닌 자리이타로 상생 상화하는 제3의 길을 제시한 것이다.

마지막으로 평천하(平天下)에 해당하는 자리에 「지도인으로서 준비할 요법」을 제시하고 있다.

1) 지도 받는 사람 이상의 지식을 가질 것
2) 지도 받는 사람에게 신용을 잃지 말 것
3) 지도 받는 사람에게 사리(私利)를 취하지 말 것
4) 일을 당할 때마다 지행을 대조할 것

이는 시대에 따라 학문을 준비하라고 했던 수신의 요법과도 연결된다. 수신(修身)을 잘해야 천하를 평안케 할 지도인이 될 수 있다. 자력을 갖추고 솔선수범하며 공익을 우선하고 지행이 합일된 지도인이라면 어떤 조직이라도 바르게 이끌 수 있을 것이다. 새로운 세상을 이루고자 했던 소태산은 지도자의 중요성을 특히 강조했다. 소태산은 동학처럼 현실의 무력에 맞서 싸우거나 죽음으로 저항하고자 애쓰지 않았고, 증산처럼 현실의 삶을 초월한 신명(神明, 하늘과 땅의 신령, 인간의 마음과 정신)계에 의지하고자 고집하지 않았다. 오직 현실의 경계를 있는 그대로 수용하되 개인이든, 가정이든, 국가사회든 약자가 강자되고, 우자가 지자가 되고, 빈자가 부자가 되는 길을 구현하고자 했다. 이를 위해 정법의 훈련을 받은 지도인 양성이 무엇보다 중요했다.

개벽을 재촉하는 상두소리

소태산은 묵은 세상을 변화시켜 새로운 세상을 건설하겠단 뜻을 같이 할 진실하고 신심 굳은 동지들이 필요했다. 그들을 모두 지도자로 양성할 계획을 세웠다. 그래서 따르는 40여 명 중에 먼저 여덟 사람을 선발했다. 여기서 8인은 8방(건·감·간·진·손·이·곤·태)을 응한 것이다. 여기에 소태산이 하늘(天)을 응하는 단장이 되고, 훗날 경상도 성주에서 온 정산(鼎山)이 중앙이 된다. 이렇게 열 사람이 한 단이 되는 십인일단(十人一團)을 새로운 조직의 근간으로 삼았다.

이 조직은 소태산이 장차 시방세계의 모든 사람을 교화할 법으로 "오직 한 스승의 가르침으로 천만 사람을 고루 훈련할 빠른 방법(『대종경』 서품 6장)"이라고 했다. 1인이 단장이 되어 9인 단원의 공부와 사업을 지도하고, 다시 9인 단원이 단장이 되어서 각각 9인 단원을 지도하는 방식이다. 이렇게 모두가 지도자가 되어 다 함께 공부와 사업의 주체가 되도록 했다. 동학에도 '접포제(接包制)'라는 조직이 있었다. 수운이 1862년 12월 29일(음)에 최초의 접주 16명을 임명했다고 전한다. 여기서 '접'은 인맥 중심이고 '포'는 지역 중심으로 구성된다. 소태산의 단(團)도 기본적으로 인맥 중심 조직이지만, 이후 지역별로 단 조직을 운영했다.

소태산의 대각 이듬해인 1917년 7월 26일(음)에 비로소 첫 단이 조직됐다. 첫 아홉 제자 중 중앙을 제외한 8인은 모두 친척이나 친우들이었다.•

소태산은 이렇게 모인 제자들과 삼순일(三旬日), 즉 10일에 한 번씩 예회(정례모임)를 했다. 이때는 「성계명시독(誠誠名

• 맨 먼저 찾아온 김성섭은 소태산보다 12세 연상으로서 소태산의 연화봉 정진을 후원했던 의형(義兄)이다. 외삼촌 유성국과 이웃 동네 천정리의 이인명은 소태산의 타리파시에 동행했다. 이들은 모두 11세 연상이다. 김성섭의 인도로 천정리 천기동 훈장 김성구가 참여했고, 근처 학산리 출신 오재겸도 김성섭의 인도를 받았다. 오재겸이 당숙 오내진을 인도하고, 군서면 학정리의 이재풍을 이끌었다. 여기에 소태산의 친동생 박한석이 참여했다. 이들은 소태산과 함께 앞으로 창생을 널리 제도할 서원을 세우고, 중도에 변심하면 생명으로써 속죄할 것을 다짐했다. 그렇게 사제의 의를 맺었으나, 서열은 엄격하지 않았다. 이후 가장 연장자였던 오내진이 변심하여 중도 탈락했고, 대신 박경문이 참여했다.

時讀)」을 두고 각자 신성의 나아가고 물러남이나 행실의 선하고 불선함을 청점·홍점·흑점을 찍어서 서로 대조하도록 지도했다. 그렇게 엄선한 첫 제자들과 소태산이 맨 먼저 했던 일이 과연 무엇일까? 바로 조합을 결성한 일이었다. 이는 '저축조합' 혹은 '방언조합'이라고 했다. 조합 결성을 위해 금주, 단연, 허례 폐지, 공동출역 등으로 자금을 조성했다. 그렇게 저축된 금액 200여 원에, 조합장인 소태산의 사재 400원, 그리고 이웃 부호에게 400원을 빌려서 당시 인근에서 쉽게 구할 수 있었던 숯(목탄)을 사들여 판매했다. 당시는 제1차 세계대전(1914~1918) 중이었기에 숯 시세가 폭등해 1년 사이에 8,000~9,000원의 자금을 얻었고, 구상했던 사업을 본격적으로 추진할 수 있었다. 소태산의 첫 사업은 법성포로 향하는 와탄천의 조그만 강줄기(보은강) 주변으로 갯벌에 언(堰, 물이 밀려 들어 오는 것을 막기 위해 쌓은 둑)을 막아 논을 만드는 간석지 개간 사업이었다.

참 의외의 일이다. 오랜 구도 끝에 깨달음을 얻은 이가 제자들과 처음 했던 사업이 조합을 만들어 자금을 모으고, 모인 자금으로 갯벌에 언을 쌓아 논을 만드는 일이라니! 이는 소태산의 주된 관심사가 그저 자신의 해탈이나 이치의 깨침에 국한된 것만은 아니었음을 방증하는 사례이다. 이후 행적에서도 알 수 있지만, 그의 구도 과정에서의 주된 관심은 어디

깨달음, 영성의 꽃

1943년 촬영한 간석지(정관평) 전경. 위쪽의 사진이 보은강을 사이에 두고
오른편(옥녀봉쪽)의 '큰 언답'이고, 아래쪽 사진은 보은강 왼편(이씨제각쪽)의
'작은 언답'이다.

까지나 '왜 그럴까?'하고 그 이치를 아는 것에 그치지 않고, '어떻게 할까?'하고 그것을 실행하는 방법까지 깊어져 있었다. 여기에는 총칼을 든 강자 앞에 무력한 나라와 그 나라마저 잃은 민중의 아픔을 몸소 겪으면서 이를 극복할 방안에 관한 깊은 고심이 담겨 있다. 막막한 고해의 바다에서 신음하는 중생을 건지는 일, 묵은 세상의 병폐와 근대 이후 깊어가는 병맥을 치유하는 일, 곧 제생의세(濟生醫世)의 큰 서원을 실현하고 개벽된 낙원 세상을 이루리라는 간절한 소망이 담겨 있다.

회상 창립을 위한 본격적인 사업을 앞두고 소태산은 12년을 1회로 하고 36년을 1대로 하는 창립(創立)의 한도(限度)를 정했다. 이 창립 한도에 따라 회상의 창립 과정에서 세대별 역할을 정했고 세대에서 세대로 가르침을 전했다. 이때 소태산은 연호를 '시창(始創)'이라 하고 깨달음은 얻은 1916년을 원년(元年)으로 삼았다. 그리고 이 연호는 1948년에 원불교가 정식 교명이 되면서 현재의 '원기(圓紀)' 연호를 사용할 때까지 불법연구회의 공식 연호였다.

소태산과 제자들은 저축조합에 모인 자금으로 1918년 3월 본격적인 간석지 개간에 착수했다. 당시는 일제에 의해 추진된 토지조사사업이 한참 마무리되어가던 시점이었다. 일제는 조선을 강점한 후 1912년 토지조사령을 공포하고 토지조사를 진행했다. 이는 어디까지나 식민지의 토지를 합법적으로 약탈하려는 목적을 깔고 있었다. 실제 이 과정에서 조선총독부나 동양척식회사와 같은 일본인 토지회사 혹은 일부 조선의 부호들이 지주로 등장했고, 대부분 농민들은 소작농으로 전락했다. 또한 원래는 서민들이 자유롭게 개간했던 간석지나 황무지 등을 '국유미간지(國有未墾地)'라고 하여 통제했다. 먼저 대여료를 내고 대여한 후에야 개간이 가능하도록 했으며, 그렇게 개간을 마친 후에야 대여한 자에게 토지의 대부를 허가해주는 방식이었다. 이마저도 큰 자본이 없으면 불가능한 일이었기에 민간에서는 엄두를 낼 수 없었다. 그런데 소태산과 조합원들이 간석지를 개간하겠다고 달려드니, 주위의 시선이 곱지 않았다. "쓸데없는 짓 한다", "반드시 실패할 것이다" 등 조롱 섞인 말들이 흘러나왔다.

하지만 이 시기에 영광군 일대에 간석지 개간 사업이 제법 활발히 진행되고 있었다. 소태산은 이러한 세상의 흐름도 예의주시하면서 그 변화에 능동적으로 대응함으로써 기회를 적극적으로 활용했다. 소태산은 이미 구도 과정에서 가정의 채무를 갚고자 타리파시 등을 다녀온 일이 있었다. 이처럼 공부와 사업을 할 때 무엇보다는 경제적 자립이 꼭 필요함을 경험적으로 알고 있었다. 하물며 중생을 제도하고 세상을 변화시키는 포부와 경륜을 가진 자로서 새 회상의 자립 기반을 마련하는 일은 무엇보다 중요한 일이 아닐 수 없었다. 조합원들도 서약서를 올리고 특별한 각오로 임했다.

> "우리들은 다행히 대도 대덕(大道大德)의 초창
> 시대를 당하여 외람히 단원의 중한 책임을 맡
> 았는 바 마음은 한 사문(師門)에 바치고 몸을 공
> 중사(公衆事)에 다하여 영원한 일생을 이에 결
> 정하옵고 먼저 방언공사를 착수하오니 오직 여
> 덟 몸이 한 몸이 되고 여덟 마음이 한 마음이 되
> 어 영욕고락(榮辱苦樂)에 진퇴를 같이 하며 비록
> 천신만고(千辛萬苦)와 함지사지(陷之死地)를 당
> 할지라도 조금도 퇴전하지 아니하고 후회하지
> 아니하고 원망하지 아니하여 종신토록 그 일심
> 을 변하지 않기로써 혈심 서약하오니 천지신명
> 은 일제히 통촉하사 만일 이 서약에 어긴 자 있
> 거든 밝히 죄를 내리소서."
>
> ─「불법연구회창건사」

조합원들은 "마음은 한 사문(師門)에 바치고 몸을 공중사(公衆
事)에 다하여 … 조금도 퇴전하지 아니하고 후회하지 아니하
고 원망하지 아니하여 종신토록 그 일심을 변하지 않기"로 서
약했다. 그렇게 악전고투 끝에 1년 만인 1919년 3월 간석지

개간 공사(방언공사)를 준공했다. 이를 옥녀봉 기슭에 양회(시멘트)를 발라서 기록했는데, 이후 이를 '제명(題名)바위'라 했다. 바위엔 다음과 같은 기록이 새겨져 있다.

靈光白岫吉龍/ 干潟地 兩處防堰組合
設始員 朴重彬/ 李仁明/ 朴京文/ 金成爕/
劉成國/ 吳在謙/ 金聖久/ 李載馮/ 朴漢碩/
大正七年 四月四日 始/ 大正八年 三月二六
日 終

이것이 원불교 최초의 금석문이다. '양처(兩處)'는 길룡리 강변나루에서 선진포까지의 물길(보은강)을 중심으로 양쪽으로 큰 언답과 작은 언답을 말한다. 이때 간석지 개간으로 얻은 2만 6,000여 평의 언답을 소태산은 '정관평(貞觀平)'이라 했다. 정관은 당 태종의 연호(627~649) 중 하나이다. 중국 역사상 가장 번성했던 시기 중 하나를 '정관(貞觀)의 치(治)'라 하는데, 정관평은 앞으로 이 땅에 태평성세가 올 것이라는 염원을 담은 것이다.

간석지 개간 사업은 잘 마무리됐지만, 뜻밖의 일에 휘말렸다. 일부 자금을 지원했던 이웃 부호가 간석 사업의 진척을 보더니, 같은 땅에 대한 간석지 개척원을 관청에 자기 명의로

원불교 최초의 금석문인 제명바위

깨달음, 영성의 꽃

제출함으로써 분쟁을 일으켰다. 이에 그 부호에 대한 단원들의 미움과 원망도 커졌다. 이 일을 겪으면서 소태산은 다음과 같이 말한다.

"공사 중에 이러한 분쟁이 생긴 것은 하늘이 우리의 정성을 시험하심인 듯하니 그대들은 조금도 이에 끌리지 말고 또는 저 사람을 미워하고 원망하지도 말라. 사필귀정(事必歸正)이 이치의 당연함이어니와 혹 우리의 노력한 바가 저 사람의 소유로 된다 할지라도 우리에 있어서는 양심에 부끄러울 바가 없으며, 또는 우리의 본의가 항상 공중을 위하여 활동하기로 한 바인데 비록 처음 계획과 같이 널리 사용되지는 못하나 그 사람도 또한 중인 가운데 한 사람은 되는 것이며, 이 빈궁한 해변 주민들에게 상당한 논이 생기게 되었으니 또한 대중에게 이익을 주는 일도 되지 않는가. 이때에 있어서 그대들은 자타의 관념을 초월하고 오직 공중을 위하는 본의로만 부지런히 힘쓴다면 일은 자연 바른 대로 해결되리라."
-『대종경』「서품」9장

다행히 송사에 밝은 이재풍(이재철) 등이 이 일을 전담해 사필 귀정으로 해결됐고, 결국 8인 조합원 명의로 간석지 대부 허가를 받았다. 하지만 이 일로 인해 준공인가는 11년이 지난 1930년이 되어서 이루어진다. 같은 민족끼리는 이익을 차지하려고 분쟁을 일으키고, 일제는 이를 방치하고 조장하면서 일이 지연되었던 것이다(박용덕, 2022a). 안타까운 일이지만, 이 일은 조합원들에게 현실의 복락을 장만하는 일이 그리 녹록치 않음을 각인시켜 주었다.

이처럼 더디고 힘든 간석지 개간 사업에 소태산이 뛰어든 이유가 뭘까? 훗날 "도덕을 배우러 온 사람들에게 도덕은 가르치지 않고 먼저 언을 쌓으라고 한 뜻"을 묻는 제자(이춘풍)에게 소태산은 이렇게 설명하고 있다.

> "저 사람들이 원래에 공부를 목적하고 온 것이
> 므로 먼저 굳은 신심이 있고 없음을 알아야 할
> 것이니, 수만 년 불고하던 간석지를 개척하여
> 논을 만들기로 하매 이웃 사람들의 조소를 받
> 으며 겸하여 노동의 경험도 없는 사람들로서
> 충분히 믿기 어려운 이 일을 할 때에 그것으로
> 참된 신심이 있고 없음을 알게 될 것이요, 또는
> 이 한 일의 시(始)와 종(終)을 볼 때에 앞으로 모

든 사업을 성취할 힘이 있고 없는 것을 알 수 있
을 것이요, 또는 소비 절약과 근로 작업으로 자
작자급하는 방법을 보아서 복록(福祿)이 어디로
부터 오는 근본을 알게 될 것이요, 또는 그 괴로
운 일을 할 때에 솔성(率性) 하는 법이 골라져서
스스로 괴로움을 이길 만한 힘을 얻을 수 있을
것이니, 이 모든 생각으로 이 일을 착수시켰노
라."

–『대종경』「서품」10장

소태산은 간석지 개간 사업에 참여한 이들이 실제 삶의 경계
에서 참된 신심, 사업 성취의 역량, 복록의 근원에 대한 이해,
솔성의 힘을 키우길 바랐다. 그 과정에서 괴로움을 극복하는
힘을 배우고 알아가길 기대했던 것이다.

　　간석지 개간이 마무리되어갈 시점에 역사적 전환이 되
는 일이 벌어진다. 기미년 3·1 독립만세운동이다. 앞서 제1차
세계대전이 끝날 무렵, 미국의 윌슨 대통령이 선언한 민족자
결주의는 식민지 국가들의 독립 열망을 고취시켰고, 전후 세
계질서를 논의하고자 1919년 1월 18일부터 시작된 파리강화
회의에도 민족의 독립의지를 알리고자 백방의 노력이 진행됐
다. 거기에 21일 고종의 서거가 도화선이 되었다. 여기에 만

주독립지사들의 무오독립선언과 동경유학생들의 2·8 독립
만세운동의 영향 등이 겹치면서 천도교, 기독교, 그리고 불교
가 함께 하는 대대적인 만세운동이 전개됐다. 이때 소태산은
"개벽을 재촉하는 상두소리니 바쁘다 어서 방언 마치고 기도
드리자(『정산종사법어』 국운편 3장)"라고 했다. '상두소리'는 장례
식에서 상여가 나갈 때, 상두꾼(상여꾼)들이 부르는 소리이다.
소태산은 3·1 만세운동의 외침을 묵은 세상을 떠나보내고 새
세상을 열어가는 '개벽을 재촉하는 상두소리'라 했다. 소태산
은 제자들을 모아서 다음과 같이 당부했다.

> "현하 물질문명은 금전의 세력을 확창하게 하
> 여 줌으로 금전의 세력이 이와 같이 날로 융성
> 하여지니 이 세력으로 인하여 개인, 가정, 사회,
> 국가가 안정을 얻지 못하고 모든 사람의 도탄
> 이 장차 한이 없게 될 것이니 … 이때를 당하여
> 한번 순일한 마음과 지극한 정성으로써 모든
> 사람의 정신이 물욕에 끌리지 아니하고 물질을
> 사용하는 사람이 되어 주기를 기도하여 기어이
> 천의의 감동하심이 있게 할지어다. 제군의 마음
> 은 곧 하늘의 마음이라, 마음이 한 번 순일하여
> 조금도 사사한 낱(個)이 없게 된다면 이는 곧 천

지와 더불어 그 덕을 합하여 모든 일이 다 그 마음을 따라 성공이 될지니, 제군은 각자의 마음에 능히 천지를 감동할 만한 요소가 있음을 알아야 할 것이며, 각자의 몸에 또한 중생을 구원할 책임이 있음을 항상 명심하여야 할 것이다."

-「불법연구회창건사」

'각자의 마음에 능히 천지를 감동할 만한 요소가 있음을 알아야 할 것', '각자의 몸에 또한 중생을 구원할 책임이 있음을 항상 명심하여야 할 것' 이렇게 단원들의 마음을 결속한 후, 각 방위에 따른 기도 장소를 정해 3월 26일(음)부터 10일에 한 번씩 단원기도를 올렸다.

치재(致齋, 기도 전에 몸과 마음을 가지런히 함) 방식으로 먼저 마음을 청결히 하고 계문(戒文)을 더욱 조심히 지키며 매일 한 번씩 목욕재계하고, 기도 당일에는 오후 8시에 옥녀봉 앞 조합실에 모여 9시에 각자의 방위에 따라 기도 장소로 출발했다. 실제 기도는 10시에서 12시 정각까지 정성을 들였으며, 기도를 마치고는 다시 조합실로 돌아와서 마무리했다. 시작과 그침이 일분 일각도 틀리지 않도록 소태산은 시계를 수지하도록 했다.

간석지 개간 사업 당시 모임 장소였던 옥녀봉 아래 조합

옥녀봉 아래의 구간도실 터와 현재의 영산원

깨달음, 영성의 꽃

실은 아홉 간(間)의 집이라 '구간도실(九間道室)' 혹은 줄여서 '도실'로 불렸다. 도실은 간석지 개간 공사 중 빌려 쓰던 이씨 제각이나 임시 방언관리소 역할을 했던 강변 주점 대신 회상의 공식 모임 장소로서 이곳에서 주경야독했다. 소태산은 도실에서 기도하고, 정산은 노루목 대각터 뒷산인 중앙봉에 다른 8명의 단원들도 각각의 방위에 맞는 산에 올려 정성껏 기도를 올렸다. 기도할 때는 단기•를 제작하여 기도 장소에 세우고 향을 피우고 청수를 올린 뒤 절을 올리고 심고(心告)를 드리고 축문(祝文, 제사 때 신명께 읽고 고하는 글)을 읽었다. 단원기도의 축문 내용은 다음과 같다.

"단원 모(某)는 삼가 재계하옵고 일심을 다하여
천지·부모·동포·법률 사은 전에 발원하옵나
이다. 대범, 사람은 만물의 주인이요 만물은 사
람의 사용물이며 인도(人道)는 인의(仁義)가 주

• 이때의 단기는 일원팔괘기(一圓八卦旗)로 추정된다. 이는 팔괘를 둥글게 배치하되, 그 방위는 『주역』의 문왕팔괘도와 유사하며, 그 방향은 밖에서 안으로 향하는 정역팔괘도와 동일하다. 이는 문왕팔괘의 방위를 통해 인도(人道)상의 요법을 주체로 하는 소태산의 가르침을 나타내고, 정역팔괘의 방향을 통해 각자의 본성(일원상)을 자각하여 여원합덕(與圓合德)하고 천인합덕(天人合德) 한다는 의미를 담고 있다(임병학·염승준, 2023).

체요 권모술수는 그 방편이니, 사람의 정신이 능히 만물을 지배하고 인의의 대도가 세상에 서게 되는 것은 이치의 당연함이거늘, 만근이래(輓近以來)로 그 주장이 위를 잃고 권모사술이 세간에 분등(紛騰)하여 대도(大道)가 크게 어지러울 새 본 단원 등은 위로 사부님의 성의를 받들고 아래로 일반 동지의 결속을 견고히 하여 시대에 적합한 정법(正法)을 이 세상에 건설한 후, 나날이 쇠퇴해 가는 세도인심을 바로잡기로 성심 발원이오니, 복원 사은이시여, 일제히 감응하시와 무궁한 위력과 한없는 자비로써 저희들의 원하는 바를 이루어지게 하여 주시옵소서."

–「불법연구회창건사」

'정법을 이 세상에 건설'하고 '세도인심을 바로잡기' 위해 성심껏 발원하고 정성껏 기도했다. 그렇게 10번의 기도를 지내고 7월 16일(음)에 소태산은 단원들을 모이게 하여 비장하고 엄숙한 어조로 말했다.

"옛말에 살신성인(殺身成仁)이란 말도 있고 또는

　　　　　　　　　　　　　깨달음, 영성의 꽃

그를 실행하여 이적을 나툰 사람도 있었으니, 만일 그와 같이 남은 것이 없는 마음으로써 대중을 위한다면 천지신명이 어찌 그 정성에 감동하지 아니하며, 또는 그 소원에 성공이 없게 되리요, 불원(不遠)한 장래에 도덕의 정법이 다시 세상에 출현되고 혼란한 인심이 점차 정돈되어 창생의 행복이 장차 한이 없을지니 그리 된다면 제군은 곧 세상을 구원한 구주(救主)이요 그 음덕은 또한 만세를 통하여 멸하지 아니하리라."

-「불법연구회창건사」

그렇게 10일 후인 7월 26일(음)을 최후의 희생일로 정하고 각자 단도 1매씩 준비했다가 각각 기도 장소에 가서 일제히 자결하기로 약속했다. 그렇게 9인이 모두 만면의 희색(喜色, 기뻐하는 얼굴빛)을 띠고 일제히 도실에 모였다. 오후 8시가 되자 도실 중앙에 청수를 진설하고 각자의 단도는 청수상 위에 나열한 후 일제히 죽어도 남은 한이 없다며 '사무여한(死無餘恨)'이라고 쓴 최후 증서에 각각 백지장(白指章)을 찍어서 결사의 의미로서 일제히 복지심고(伏地心告, 엎드려 마음을 고함)를 했다. 이때 놀랍게도 맨손으로 찍은 지장이 혈인(血印)으로 변했다. 살

신성인으로 '이적(상식으로 생각할 수 없는 기이한 일)'을 나툰 사람의 이야기가 눈앞에 펼쳐졌다. 기이한 일이라서 상식적으로 설명할 수 없는 일이다. 그렇다고 함께 체험한 일이라 부인할 수 없는 일이다. 소태산은 이 증서를 단원들에게 보이며 "이것은 그대들의 일심에서 나타난 증거라"하며, 바로 그 증서를 태워서 하늘에 고했다. 그리고 바로 기도 장소로 향하게 했다.

하지만 잠시 후 돌연히 큰 소리로 "그대들에게 부탁할 말이 더 있으니 속히 도실로 돌아오라"며 단원들을 다시 불렀다. 소태산은 "그대들의 마음은 천지신명이 이미 감응하였고 음부공사가 이미 판결이 났으니 금일에 그대들의 생명을 기어이 희생하지 아니하여도 우리의 성공은 오늘로부터 비롯하였다"라고 하며, "그대들의 몸은 곧 시방세계에 바친 몸이라 앞으로 장차 영원히 모든 일을 진행할 때에 비록 천신만고와 함지사지를 당할지라도 오직 이때의 이 마음을 변하지 말고, 또는 가정 애착과 오욕의 환경을 당할 때에는 오직 금일에 죽은 셈만 잡는다면 다시는 거기에 끌리지 아니할지니 그 끌림이 없는 순일한 생각으로 공부와 사업에 전무하여 길이 중생 제도에 노력하라(「불법연구회창건사」)"고 당부했다.

소태산은 아홉 단원들에게 대각지 뒤편 정산의 기도봉인 중앙봉에 올라서 기도를 마치게 한 후, 각 단원에게 법명을 주었다. 법명은 세속의 삶을 위한 사적 이름[私名]이 아니라

깨달음, 영성의 꽃

세계 공인으로서 삶을 위한 공적 이름[公名]이다. 단원들의 법명과 법호를 살펴보자면, 건방(乾方) 이재풍은 일산 이재철(李載喆), 감방(坎方) 이인명은 이산 이순순(李旬旬), 간방(艮方) 김성구는 삼산 김기천(金幾天), 진방(震方) 오재겸은 사산 오창건(吳昌建), 손방(巽方) 박경문은 오산 박세철(朴世喆), 이방(离方) 박한석은 육산 박동국(朴東局), 곤방(坤方) 유성국은 칠산 유건(劉巾), 태방(兌方) 김성섭은 팔산 김광선(金光旋), 중앙(中央) 송도군은 정산 송규(宋奎)였다. 이후에도 단원기도를 계속하다가 10월 6일(음) 해제했다.

이를 원불교에서는 법계(진리 세계)의 인증을 받은 일이라 하여 '법인성사(法印聖事)'라 부른다. 앞서 간석지 개간을 위해 언을 쌓았던 방언공사가 양계의 인증을 받은 일이라면, 열 사람의 마음이 하나가 되어 나타난 법인성사는 음계의 인증을 받은 일이라 할 수 있다. 눈에 보이는 현실계 인증도 어렵게 통과했지만, 보이지 않는 진리계의 인증은 과연 무엇으로 인증할 수 있을까? 결국 이는 언설로서 충분히 설명할 수 없는 보이지 않는 세계에 대한 영적 체험에 의존할 수밖에 없다.

무엇보다 한 사람도 아니고 열 사람이 조금의 사심 없이 한 마음이 된다는 것이 과연 가능할까? 공부(수행) 과정에서 각자의 이기심을 이겨내는 과정이 꼭 필요하다. 간석지에 언을 막는 일이나 법계의 인증을 받는 일들은 개인의 선정을 통한 사적 체험이 아니라 공동의 기도를 통한 공적 체험이다. 죽음을 앞둔 최후 기도에서 단원들이 만면에 희색을 띄었다는 것은 이미 죽기를 각오한 것이다. 눈앞에서 혈인이 나타났을 때, 단원들의 기쁨과 감동은 이루 말할 수 없었으리라.

홀로 5년 세월 삼밭재에서 산신기도를 올렸던 소태산은 이미 일심이 되었고 스스로 가야할 길도 알았다. 하지만 실제 그 일에 뜻을 같이할 동지들을 만나고, 그 길을 함께 갈 수 있음을 확신했을 때, 얼마나 든든했을까? 열 사람이 오롯이 한마음이 된 십인일심(十人一心)의 법인기도는 향후 소태산과 제자들이 겪게 될 수많은 역경을 능히 헤쳐 갈 정신적 자산을 얻은 계기였다. 그러니 '음부공사가 이미 판결났다', '우리의 성공은 오늘로부터 비롯되었다'라고 한 것이다. 단원들이 창생(蒼生, 세상의 모든 사람)을 위해 죽어도 여한이 없다는 큰 서원과 그에 대한 법계의 감응이야말로 소태산과 제자들의 향후 여정에 무한한 가능성을 확인해준 일대 사건이었다.

깨달음, 영성의 꽃

불법에 대한 선언

개벽을 재촉하는 상두소리라 했던 3·1독립만세운동은 천도교, 기독교, 불교 등 범종교계 인사들이 개별 종교의 울타리를 넘어 민족의 일에 한 마음을 모은 대사건이었다. 종교계 외에도 학생들을 필두로 각계각층이 한마음으로 동참한 거족적인 사건이었다.

이전까지 기독교와 천도교는 갈등과 경쟁의 관계였다. 1860년 동학의 창도는 필연적으로 서학(천주교)을 의식하지 않을 수 없었다. 동학은 1894년 동학농민운동 이후 한동안 탄압을 견뎌야 했다. 1905년 손병희에 의해 천도교가 창설되면서 동학은 기독교를 모델삼아 근대종교로서 변모했다. 이를 통해 천도교는 민족종교에서 보편종교로 나아가고자 했다.

반면에 개항 이후 1885년부터 유입된 기독교(개신교)는 빠른 속도로 확장하면서 근대종교의 모델이 됐다. 하지만 선교 과정에서 선교지의 민족적 특성을 고려하지 않을 수 없었다. 그렇게 그들은 어느새 민족의 아픔에 깊이 다가서고 있었다. 그 접점에서 천도교와 기독교가 크게 연대했다. 기독교로 대표되는 개화의 흐름과 천도교로 대표되는 개벽의 열망이 민족의 독립과 인류의 평화를 위해 손을 맞잡은 것이다. 그런 점에서 3·1운동을 개화파와 개벽파의 만남으로 보려는 시각은 매우 타당하다(백낙청, 2021).

'다시 개벽'을 주창했던 동학의 출현과 천도교의 등장 등 개벽사상이 없었다면, 혹은 반대로 민족의 아픔에 기꺼이 동참했던 기독교의 연대가 없었다면, 3·1운동이 일제의 강제병합에 의연히 맞서 민족독립의 당위성을 제시하는 것은 물론 온 인류가 나아가야 할 보편적 지향성을 제시하지도 못했을 것이다. 이는 한민족에게 주어진 수많은 고난과 그것을 이겨내는 과정이 단지 민족적 과제에 머물지 않고 인류의 보편적 지향과 맞물려 간다는 점에서 주목할 부분이다. 소태산과 9인 단원의 기도가 담고 있는 함의도 이 부분과 연결된다. 대각 이후의 소태산의 행적에서 당시 좌절에 빠져있던 민초들에게 희망과 용기를 주면서도 항상 인류 전체의 보편적 가치를 지향하고 있음을 발견할 수 있다.

소태산은 당시 개벽사상의 흐름을 적극 수용해 향후 창립할 회상의 영적 지향을 분명히 밝혔다. 이것이 바로 "물질이 개벽되니 정신을 개벽하자"라는 개교표어로 천명됐다. 이 표어에서 물질개벽과 정신개벽의 뜻을 살피면 소태산의 생각에 한 발 더 다가갈 수 있다.

먼저 '물질개벽'은 근대 서구의 과학문명에 의한 과학기술과 정보통신의 발달과 그로 인한 생활의 편리와 물질적 풍요 등 이전에 인류가 누리지 못했던 급속한 외적 변화를 집약한 것이다. 반면 이 물질을 구하고 사용해야 할 사람의 정신이 물질개벽의 속도를 따라가지 못하는 현상이 생겼고, 오히려 주체성을 상실하고 물질의 노예로 살아가기에 이르렀다. 이 대목에서 물질을 사용해야 할 '도덕적 정신'의 중요성이 대두된다.

소태산이 언급한 '정신개벽'의 방점이 바로 여기에 있다. 여기서 도덕적 정신은 물질을 '구하는 정신'과 물질을 '사용하는 정신'을 말하는 것이다. 여기서 정신은 물질과 독립된 어떤 초월적 세계를 말하는 것이 아니다. 물질이 개벽된 현실에서 그 물질을 잘 구하고 잘 사용할 수 있는 주체로서 정신을 말한다. 이는 가치와 수단이 전도되어 물질의 진보나 발전 그 자체가 목적이 되어서는 안 된다는 점을 강조한 것이다.

정신개벽은 물질개벽의 과정에서 인류가 함께 지켜야

할 가치는 무엇이며, 인류가 함께 실현해야 할 가치는 무엇인지 등 문명사적 물음에 대한 소태산의 해법이다. 오늘날의 현실을 볼 때, 이성 중심의 서구과학 기술이 이뤄낸 물질적 성과로 인류는 엄청난 변화를 겪고 있다. 하지만 과연 인류가 정말 행복해졌는지 다시 묻지 않을 수 없다. 당시 기술적 진보와 지적 성장을 바탕으로 한 서구의 서세동점(西勢東漸, 서양의 세력이 동양에 퍼져감)의 시대를 이미 경험한 소태산은 물욕에 치우친 세상에서 민중이 겪는 엄청난 아픔과 고통을 근본적으로 극복하기 위한 도덕적 진급과 영적 성숙의 중요성을 절감했다. 훗날 『정전』을 편찬할 때, 소태산은 이를 「개교의 동기」에 담았다.

> "현하 과학의 문명이 발달됨에 따라 물질을 사용하여야 할 사람의 정신은 점점 쇠약하고, 사람이 사용하여야 할 물질의 세력은 날로 융성하여, 쇠약한 그 정신을 항복 받아 물질의 지배를 받게 하므로, 모든 사람이 도리어 저 물질의 노예 생활을 면하지 못하게 되었으니, 그 생활에 어찌 파란고해(波瀾苦海)가 없으리요. 그러므로, 진리적 종교의 신앙과 사실적 도덕의 훈련으로써 정신의 세력을 확장하고, 물질의 세력을 항복 받아, 파란고해의 일체 생령을 광대 무량

한 낙원으로 인도하려 함이 그 동기니라."

이는 붓다의 초전법륜인 사성제 법문의 현대판 버전이라 할
수 있다. 네 가지 성스러운 진리인 사성제(四聖諦)는 고성제,
집성제, 멸성제, 도성제를 말한다. 고성제(苦聖諦)는 괴로움
[苦]의 진리로서, 생사윤회의 괴로운 현실로서 사고팔고(四苦
八苦)를 말한다. 사고는 생로병사이고, 팔고는 여기에 사랑하
지만 이별해야 하는 괴로움[愛別離苦], 미워하지만 만나야 하
는 괴로움[怨憎會苦], 구하려 하지만 얻을 수 없는 괴로움[求不
得苦], 그리고 오온(색·수·상·행·식)에 대한 집착으로 일어나는
괴로움[五陰盛苦]을 더한 것이다. 집성제(集聖諦)는 괴로움의
원인(발생)에 관한 진리로서 괴로움의 원인을 집착(갈애)과 무
명에서 찾고 있다. 멸성제(滅聖諦)는 괴로움의 소멸에 관한 진
리로서 욕망의 완전한 소멸인 열반(涅槃)을 말한다. 도성제(道
聖諦)는 괴로움의 소멸로 이끄는 방법에 관한 진리로서 팔정
도(八正道)의 수행을 말한다. 팔정도는 올바른 견해(正見)와 올
바른 의도(正思惟), 올바른 말(正語), 올바른 행동(正業), 올바른
생계(正命), 올바른 노력(正精進), 올바른 마음챙김(正念), 올바
른 선정(正定)이다.
　　이를 「개교의 동기」에 비추어본다면, 고성제는 "모든 사

소태산이 밝힌 정신개벽의 길

람이 도리어 저 물질의 노예 생활을 면하지 못하게 되었으니, 그 생활에 어찌 파란고해가 없으리요"라고 한 부분이다. 이는 정신적·물질적 양 측면의 괴로운 현실을 밝혔다. 집성제는 "현하 과학의 문명이 발달됨에 따라 … 쇠약한 그 정신을 항복 받아 물질의 지배를 받게 하므로"라고 한 부분이다. 여기서는 물질과 정신의 불균형과 부조화를 괴로움이 원인으로 파악했다. 멸성제는 "파란고해의 일체 생명을 광대 무량한 낙원으로 인도하려 함"이라고 한 부분이다. 괴로움이 소멸된 낙원을 밝혔다. 도성제는 "진리적 종교의 신앙과 사실적 도덕의 훈련으로써 정신의 세력을 확장하고, 물질의 세력을 항복 받아"라고 한 부분이다. 이는 낙원에 이르는 방법을 밝혔다.

이는 개인적 고통(심리적 고통과 육체적 고통)뿐만 아니라 사회적 고통(경제적, 생태적 고통 등)을 함께 봄으로서 안으로 영성(본성) 회복을 통한 정신적 낙원[心樂園]을, 밖으로 은혜(관계) 회복을 통한 현실적 낙원[身樂園]을 균형 있게 하자는 것이다. 이를 통해 과학과 도학이 조화된 참 문명 세계를 건설하자는 것이다. 이는 소태산의 꿈이자, 이후 함께 추구해야 할 공동의 서원이고, 회상이 지향해야 할 궁극의 목적이다.

'다시 개벽'을 주장한 수운의 동학으로부터 시작된 개벽에 대한 열망은 1910년대 3·1 운동 이후 보편적인 담론의 장에서 활발히 논의됐다. 1920년 6월 25일 창간된 천도교청년회 기관지 『개벽』지의 발간이 대표적이다. 하지만 『개벽』지의 발간도 1926년 8월 1일(통권 72호)을 끝으로 강제 폐간됐다. 민중의 개벽을 향한 열망이 일제강점기에 불온한 사상으로 취급됐고, 점차 공식적인 논의의 장에서 그 자취를 감추게 됐다(허수, 2022). 다만 개벽을 향한 민중의 열망이 사라진 것은 아니었다. 그것은 증산이나 원불교(당시 불법연구회) 등 종교적 가르침 속에 그 명맥을 유지하며 긴 시간을 잠복해야 했다. 증산은 초월적이고 신명적인 방식으로 개벽의 꿈을 계승했다면, 원불교는 현실적이고 실천적인 방식으로 개벽의 꿈을 구현해 갔다.

3·1 운동 이후 일제의 감시와 억압은 더욱 심해졌다. 소태산은 간석지 개간 공사(방언공사)의 자금출처 등을 이유로 영광경찰서에서 취조받기도 했다. 이는 소태산이 일제의 감시를 피해 열린 공간인 영광을 떠나 깊은 산중인 부안 변산을 찾게 된 계기가 됐다. 물론 일차적으로 일제의 감시를 피하거나 대각 후 수년간 쌓였던 심신의 피로를 쉬려는 목적도 있었지만, 더 중요한 것은 변산에서 새로운 교리와 제도를 제정하고 회상 공개를 준비하기 위함이었다. 소태산은 대각 이후 동서고금의 여러 경전을 열람했다. 그 와중에 유독 『금강경』은 꿈에서 바로 그 경전의 이름을 알고 가까운 불갑사에서 그 경전을 구해보았다. 그리고 석가모니를 진실로 '성인 중의 성

인'이라고 하고, "장차 회상을 열 때에도 불법으로 주체를 삼아 완전무결한 큰 회상을 이 세상에 건설하리라(『대종경』 서품 2장)"라고 언급한 바 있다. 이제 그때가 된 것이다.

변산으로 거처를 옮긴 소태산은 자신을 '석두(石頭) 거사'라 했다. 당시 변산 월명암에는 학명계종(鶴鳴啓宗, 1867~1929)이 주지로 있었다. 학명 선사는 영광 불갑면 출신이니, 소태산의 동향 선배가 된다. 소태산은 먼저 정산을 학명의 상좌로 보내고, 이어서 자신도 변산을 찾았다. 학명은 소태산을 환대했다. 두 사람은 성리(性理, 인간의 성품과 자연의 이치)에 대한 깊은 교감이 있었을 뿐 아니라 선농일치(禪農一致, 선수행과 근로생활의 병행)의 지향도 잘 맞았다. 소태산은 처음엔 실상사 부근 초당에서 기거했다. 찾아오는 제자들을 맞이할 처소를 마련하고자 '석두암'을 지을 때 학명이 자재를 제공하는 등 물심양면으로 지원을 아끼지 않았다. 초당과 석두암을 포함하여 '봉래정사(蓬萊精舍)'라 하는데, 이곳이 원불교의 교리강령을 제정하고 초기교서를 초안한 제법성지(制法聖地)이다.

소태산이 구도 과정에서 잠시 임자도 타리섬, 고창 연화봉 등에서 몇 달 기거한 적은 있었으나 이렇게 영광 땅을 벗어나 거처를 옮긴 것은 이때가 처음이다. 드디어 정법회상 창립을 위한 출사표를 던진 것이다. 그것이 변산에 입산하면서 했던 소태산의 '불법(佛法)에 대한 선언'이다.

"이제는 우리가 배울 바도 부처님의 도덕이요, 후진을 가르칠 바도 부처님의 도덕이니, 그대들은 먼저 이 불법의 대의를 연구해서 그 진리를 깨치는 데에 노력하라. 내가 진작 이 불법의 진리를 알았으나 그대들의 정도가 아직 그 진리 분석에 못 미치는 바가 있고, 또는 불교가 이 나라에서 여러 백 년 동안 천대를 받아 온 끝이라 누구를 막론하고 불교의 명칭을 가진 데에는 존경하는 뜻이 적게 된지라 열리지 못한 인심에 시대의 존경을 받지 못할까 하여, 짐짓 법의 사정 진위를 물론하고 오직 인심의 정도를 따라 순서 없는 교화로 한갓 발심 신앙에만 주력하여 왔거니와, 이제 그 근본적 진리를 발견하고 참다운 공부를 성취하여 일체 중생의 혜(慧)·복(福) 두 길을 인도하기로 하면 이 불법으로 주체를 삼아야 할 것이며, 뿐만 아니라 불교는 장차 세계적 주교가 될 것이니라."

-『대종경』「서품」15장

소태산은 대각 후 『금강경』을 읽고 연원을 불법에 내정했던 바 있었는데, 변산 입산을 앞두고 불법에 대한 선언을 통해 이를 공식화한 것이다. 소태산은 불교가 장차 세계적 주교가 될 것임을 예견했다. 당시 안으로 천도교나 증산교 등에 의한 다시 개벽의 열망이, 밖으로 기독교를 통한 개혁의 물결이 확산되던 시절이었다. 조선의 오랜 숭유억불 정책과 핍박으로 속세와 거리를 두던 불교계도 일본에 의해 승려의 도성 출입이 허가되면서 도심 포교를 시작했고, 안으로는 개혁과 유신의 바람이 불기 시작했다.

소태산은 자신이 구상한 새로운 회상이 불법(佛法)을 주체로 할 것임을 공식 선언했다. 하지만, 이제 막 산중불교를 벗어나 근대화의 길로 들어선 불교의 흐름을 무작정 따르지는 않았다.

불법의 대한 선언을 마치고 얼마 지나지 않은 시점에 모친상을 당한 소태산은 다시 고향을 찾게 된다. 이때 각지에서 찾아든 제자들과 함께 옥녀봉 아래 있던 최초 교당인 구간도실을 간석지 개간으로 얻은 언답(堰畓)이 내려다보이는 곳에 옮겨 짓고, 이를 '영산원(靈山院)'이라 했다. 이때부터 영광 일대를 '영산(靈山)'이라 부르게 됐다. 영산은 영취산(靈鷲山)의 줄임말로, 붓다(부처님)가 주로 설법한 곳이다. 이 땅에 정법회상●을 다시 구현하겠다는 강한 의지를 담은 것이다. 여기서 회상(會上)은 성자의 가르침이 펼쳐지는 곳, 즉 성자의 제도가 미치는 곳을 말한다. 소태산은 이 시대를 '묵은 세상의 끝, 새 세상의 시작'이라고 강조했다. 그는 미래의 불법을 '불법에 대한 선언'에 다음과 같이 밝혔다.

> "미래의 불법은 재래와 같은 제도의 불법이 아니라 사·농·공·상을 여의지 아니하고, 또는 재가출가를 막론하고 일반적으로 공부하는 불법이 될 것이며, 부처를 숭배하는 것도 한갓 국한된 불상에만 귀의하지 않고, 우주 만물 허공 법계를 다 부처로 알게 되므로 일과 공부가 따로 있지 아니하고, 세상일을 잘하면 그것이 곧 불법 공부를 잘하는 사람이요, 불법 공부를 잘하면 세상일을 잘하는 사람이 될 것이며, 또는 불공하는 법도 불공할 처소와 부처가 따로 있는 것이 아니라, 불공하는 이의 일과 원을 따라 그 불공하는 처소와 부처가 있게 되나니, 이리 된다면 법당과 부처가 없는 곳이 없게 되며, 부처의 은혜

• 정법, 상법, 계법(혹은 말법)은 불교 전통의 시대 구분이다. 정법(正法)은 교법, 수행, 증과(깨달음)의 삼법(三法)이 완전한 시대를 말하며, 상법(像法)은 교법과 수행은 있으나 증과가 없는 시대를 말하며, 계법(季法)은 교법만 있고 수행과 증과가 없는 시대를 말한다. 이러한 구분에 따르면, 현재 우리는 계법(말법) 시대에 살면서 새로운 정법의 회상 출현을 기다리는 시대에 살고 있다.

가 화피초목(化被草木) 뇌급만방(賴及萬方)하여
상상하지 못할 이상의 불국토가 되리라."

-『대종경』「서품」15장

미래의 불법은 1) 사농공상의 직업을 여의지 않는 불법 2) 재
가와 출가의 차별 없이 모두 공부해야 하는 불법 3) 우주 만유
모두를 부처로 알고 일과 공부가 둘이 아닌 불법 4) 불공의 처
소와 불공의 대상이 따로 정해져 있지 않은 불법이다.

　'불법에 대한 선언'에는 그동안의 발심 신앙 위주의 방편
교화를 대신해 앞으로는 불법을 주체로 정법 교화를 하겠다
는 의지가 담겨 있다. 소태산은 이를 일원상의 진리를 근간으
로 한 삼학팔조(三學八條)와 사은사요(四恩四要)의 교강(教綱)
을 통해 제시했다. 소태산의 가르침은 불법에 그 뿌리를 두었
지만, 시대에 맞게 혁신된 것이다. 소태산은 영산(영광)에서 개
벽사상을 통해 새로운 시대정신과 회상의 비전을 보았다. 이
를 『정전』「개교의 동기」에 담았다. 변산에는 이 비전을 실현
할 교법을 제정할 때 불법을 주체로 여러 종교의 가르침을 통
합하고 활용했다. 이를 『정전』「교법의 총설」에 담았다. 소태
산의 깨달음과 영적 지향은 개벽과 불법의 만남, 즉 개벽이라
는 시대적 요구와 불법이라는 보편적 가치가 어우러져 정법
회상의 출현으로 이어지고 있는 것이다.

일원상(○)은 부처의 심체,
즉 심불(心佛)이다.

3장

일원상(○),
통합과 활용의 길

모두가 하나로 통하다

세상에는 수많은 가르침이 있지만, 모든 부처와 모든 성자가 깨친 진리와 가르침은 근본에 있어서 다르지 않다. 또한 괴로움에 신음하는 이들을 구원하려는 염원도 모두 하나일 것이다. 소태산의 가르침(교법)은 이러한 모든 성자의 가르침을 하나로 통하게 하며, 그 가르침을 널리 활용하게 한다. 일원상은 "우주만유의 본원이요, 제불제성의 심인이요, 일체중생의 본성"이다. 일원상은 모든 개념과 형상을 내려놓고 우주의 진리와 마음의 근원을 직관적으로 밝혀준다. 그리고 이를 통해 밖으로 신앙의 대상과 안으로 수행의 표본을 하나로 연결시켜준다. 모두가 일원상이다.

소태산은 깨달음을 'O'으로 상징했고, '일원상(一圓相)'이라 명명했다. 불가에서 일원상은 곧 불성이고, 자성이며, 심불(心佛)이다. 이 자리는 모든 분별이 사라진 지극히 평등한 세계이면서 모든 분별이 역력히 드러나는 차별의 세계이다. 일원상은 살활자재(殺活自在)의 공간이다. 한편 모든 분별을 다 죽이는 자리이면서 한편 모든 분별을 낱낱이 살려내는 자리이다. 소태산은 이 자리를 '언어도단의 입정처'이면서 '유무초월의 생사문'이라 했다.

사은(四恩)은 네 가지 큰 은혜로서 천지, 부모, 동포, 법률이라는 신앙의 대상이다. 이는 높은 자리에 있어서 우러러봐야 하는 대상이 아니라 우리 곁에 함께 하는 고귀한 존재들이다. 신앙의 대상은 우리가 믿고 의지할 곳이며, 인과보응의 이치를 따라 우리에게 죄와 복을 줄 수 있는 권능을 가지고 있다. 소태산은 신앙의 대상과 함께 신앙의 원리(인과보응의 이치), 나아가 신앙의 방법(불공법)까지 함께 밝혀 신앙만으로도 일원의 위력을 얻을 수 있게 했다. 소태산은 이를 신앙표어인 '곳곳에 부처님, 일마다 불공[處處佛像 事事佛供]'으로 압축해서 제시했다.

사요(四要)는 공동체의 네 가지 요법이다. 공동체는 가정, 사회, 국가, 세계의 모든 조직이나 단체가 해당된다. 사요 중 자력양성은 본래 부부권리동일이나 남녀권리동일로 불렸던 것으로 인권평등을 밝힌다. 지자본위는 지식평등을 말한다.

모든 차별을 금지하되 지자(智者)와 우자(愚者)의 차별만은 인정한다. 물론 이 경우도 그 구하는 바에 따라 임시적으로 인정할 뿐이다. 어떤 차별도 고착되어서는 안 된다. 타자녀교육에서는 교육평등의 길을 제시했다. 공도자숭배에서는 가정, 사회, 국가, 세계를 위하는 공도자가 많이 나오도록 공익심을 키워가자는 것이다. 이는 인류 전체의 생활을 고르게 하는 생활평등의 길이다.

삼학은 마음공부의 길이다. 이는 진리의 세 가지 속성에 따라 공부방법도 세 가지로 제시한 것이다. 진리의 진공 측면을 따라서 고요하고 두렷한 정신을 양성하는 정신수양, 진리의 묘유 측면을 따라서 일과 이치에 걸리고 막힘이 없이 연마하는 사리연구, 진리의 작용 측면에서 정의는 반드시 실행하고, 불의는 반드시 실행하지 않는 작업취사 공부를 한다. 마음의 힘이 생기면 일상의 경계에 휩쓸리지 않을 수 있다. 오히려 경계를 활용하여 자신과 세상에 유익한 선택을 할 수 있다. 그렇게 수양·연구·취사의 삼학으로 사실적 도덕의 훈련을 하는 것이다. 소태산은 이를 수행표어인 '언제나 선, 어디서나 선[無時禪 無處禪]'으로 제시했다.

소태산은 1935년 익산총부 대각전(大覺殿)에 처음 'ㅇ'을 봉안(奉安)했다. 사찰에 석가모니 부처님을 모신 곳을 '대웅전'이라고 하듯이 원불교에서는 법신불 일원상을 모신 곳을 '대

일원상을 최초로 봉안한 대각전

각전'이라 한다. 같은 해 『조선불교혁신론』(이하『혁신론』)과 『예전』을 발간한다. 『혁신론』에서 신앙에 대하여 '등상불 숭배를 불성일원상(佛性一圓相)으로' 혁신할 것을 제안했고, 『예전』에서 심불(心佛)인 일원상의 봉안 및 심불 전 심고 등 신앙의례를 밝혔다. 소태산이 일원상을 신앙과 수행의 중심에 둔 이후로 여러 제자들이 글을 남겼다.

정산은 「일원상에 대하여」(『회보』제38호)에서 일원상을 신앙하고, 숭배하고, 체 받고, 이용하는 법을 제시했다. 신앙하는 법은 '개체 신앙을 전체 신앙으로, 미신 신앙을 사실 신앙으로, 형식 신앙을 진리 신앙으로 혁신한 것'이고, 숭배하는 법은 '개체 숭배를 전체 숭배로, 미신 숭배를 사실 숭배로, 형식 숭배를 진리 숭배로 혁신한 것'이다. 여기서 숭배는 불공이다. 예를 들어 사실 숭배는 네 가지 큰 은혜로서 천지, 부모, 동포, 법률이라는 신앙의 대상인 사은(四恩) 당처에 보은하는 것이다. 일원상을 체 받는 법은 '내 성품을 스스로 회광반조 하자는 것'이며, 일원상을 이용하는 법은 '일원상을 잘 체득하는 공부인으로서 모든 경계를 응용할 때에 또한 일원적 실행을 하자는 것'이다. 그리고 '신앙과 숭배는 일원상을 상대로 한 타력이요, 체득과 이용은 일원상을 상대로 한 자력이니, 일원의 공부가 자력인 중에도 타력이 포함되고, 타력인 중에도 자력이 포함되어 자타력 병진법'이라고 했다.

일원상(○)은 원래 불가의 오랜 화두로서 선사들이 법거량(法擧量)에서 즐겨 사용했다. 이 원상은 육조혜능(六祖慧能, 638~713)이 남양혜충(南陽慧忠, 675~775)에게, 남양혜충은 다시 탐원진응(眈源眞應, 생몰연대 미상)에게, 그리고 다시 앙산혜적(仰山慧寂, 803~887)에게 전해졌다. 이후 일원상은 위앙종(潙仰宗)에서 전법의 상징이자, 인가의 징표가 됐다. 그리고 이 위앙종의 일원상을 요오순지(了悟順之, 807~883)가 혜적에게 받아와 신라에 전했다. 이러한 위앙종의 선풍은 고려 중기 정각지겸(靜覺至謙, 1145~1229)에 의해 계승됐다. 지겸은 『종문원상집(宗門圓相集)』을 남겼는데, 이 문헌은 원상과 관련된 문답을 수록한 것으로 우리나라에만 남아 있다.

관련 내용은 서대원(圓山 徐大圓, 1910~1945)이 「일원상의 유래와 법문」라는 제목으로 『회보』에 3회(제54, 55, 56호) 연재했다. 서대원은 소태산의 생질(누이 박도선화의 아들)로 불경에 조예가 깊을 뿐 아니라 선(禪) 정진도 남달랐다. 그는 달마에게 팔을 잘라 바친 혜가의 일화를 보고, 왼손을 잘라서 스승에게 신성(信誠)을 바쳤다. 하지만 오히려 소태산에게 크게 꾸중을 들어야만 했다. "공도사업을 해야 할 사람이 소중한 몸을 상하게 해서 도를 구한다 한들 무슨 소용이 있는가?" 진리가 몸에 있는 것도 아니지만, 그렇다고 몸에 없는 것도 아니다. 분별없는 자리에서는 몸도 마음도 육근도 따로 없이 전체가 그대로 법신불로서 일원상이다. 하지만 분별있는 자리에서 수행하고, 보은하며, 공도사업을 할 때, 없어서는 안될 것이 바로 몸이다. 몸은 네 가지 은혜(사은)의 공물이며, 또한 처처불로서 일원상이다.

소태산의 장남 박광전(崇山 朴光田, 1915~1986)과 나눴던 「일원상과 인간의 관계」(『회보』 제46호)에 대한 문답도 전해온다. 박광전(속명 길진)은 당시 일본 동양대학 철학과에 재학 중이었으며, 훗날 원광대 초대총장을 역임한다. 박광전이 일원상과 인간의 관계를 물었다. 이에 소태산이 답한다.

> "우리 회상에서 일원상을 모시는 것은 과거 불가에서 불상을 모시는 것과 같으나, 불상은 부처님의 형체(形體)를 나타낸 것이요, 일원상은 부처님의 심체(心體)를 나타낸 것이므로, 형체라 하는 것은 한 인형에 불과한 것이요, 심체라 하는 것은 광대 무량하여 능히 유와 무를 총섭하고 삼세를 관통하였나니, 곧 천지 만물의 본원이며 언어도단의 입정처(入定處)라, 유가에서는 이를 일러 태극(太極) 혹은 무극(無極)이라 하고, 선가에서는 이를 일러 자연 혹은 도라 하고, 불가에서는 이를 일러 청정 법신불이라 하였으나, 원

리에 있어서는 모두 같은 바로서 비록 어떠한
방면 어떠한 길을 통한다 할지라도 최후 구경
에 들어가서는 다 이 일원의 진리에 돌아가나니,
만일 종교라 이름하여 이러한 진리에 근원을 세
운 바가 없다면 그것은 곧 사도(邪道)라, 그러므
로 우리 회상에서는 이 일원상의 진리로써 우
리의 현실 생활과 연락시키는 표준을 삼았으며,
또는 신앙과 수행의 두 문을 밝히었나니라."

－『대종경』「교의품」3장

일원상은 부처님의 심체, 즉 심불(心佛)이다. 등상불(等像佛, 석
가모니불 형상을 본떠 만들어 놓은 불상)이 아니라 불성이자 심불인
일원상을 모시자는 것이다. 일원상은 태극이고 무극이며, 자
연이고 도이며, 청정법신불이다. 주목할 것은 '일원상의 진리
를 현실 생활과 연락시키는 표준'으로 삼는다는 내용이다. 즉
일원상이 현실 생활에서 바로 진리로 들어가는 문이 된다. 여
기에 두 개의 문을 두었다. 하나는 신앙문이고, 하나는 수행문
이다. 신앙문은 타력문이고 수행문은 자력문이다. 어느 문으
로 들어가도 진리와 합일할 수 있고 진리를 일상에서 활용할
수 있다.

　소태산은 1938년 11월, 동선(冬禪)에서 「일원상서원문(一

　　　　　　　　　일원상(○), 통합과 활용의 길

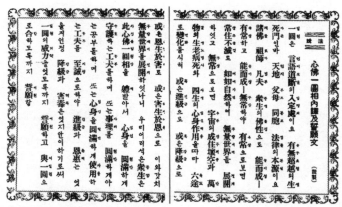

원불교의 가장 중요한 경문 '일원상서원문'

圓相誓願文)」을 직접 「심불일원상내역급서원문(心佛一圓相內譯及誓願文)」이란 제목으로 발표했다. 이는 원불교의 모든 의례에서 독경으로 사용되는데, 원불교 신자라면 누구나 암송하고 있는 원불교의 가장 중요한 경문이다.

"일원은 언어도단의 입정처이요, 유무초월의 생사문인 바, 천지 부모 동포 법률의 본원이요, 제불 조사 범부 중생의 성품으로 능이성 유상하고 능이성 무상하여 유상으로 보면 상주불멸로 여여자연하여 무량세계를 전개하였고, 무상으로 보면 우주의 성주괴공과 만물의 생로병사와 사생의 심신작용을 따라 육도로 변화를 시켜 혹은 진급으로 혹은 강급으로 혹은 은생어해로 혹은 해생어은으로 이와 같이 무량세계를 전개하였나니, 우리 어리석은 중생은 이 법신불 일원상을 체받아서 심신을 원만하게 수호하는 공부를 하며, 또는 사리를 원만하게 아는 공부를 하며, 또는 심신을 원만하게 사용하는 공부를 지성으로 하야 진급이 되고 은혜는 될 지언정 강급이 되고 해독이 있지 아니하기로써 일원의 위력을 얻도록 까지 서원하고 일원의 체성에 합하도록 까지 서원함."

-『정전』「일원상서원문」

이 글을 제정할 당시 '심불일원상'이라 했다가, 이후 '법신불 일원상'이라 했다. 심불(心佛)은 여래의 불성(佛性)이며, 중생의 본성이며, 자성(自性)이고, 심지(心地)이다. 법신불은 사은(四恩)의 본원이며, 만유를 포괄하는 진리 그 자체를 뜻한다. 「일원상서원문」은 모두가 진리의 위력을 얻고 진리의 체성에 합하기를 서원하는 글이다. 즉 신앙문을 통해 일원의 위력을 얻자는 것이며, 수행문을 통해 일원의 체성에 합하자는 것이다.

이 일원(一圓)의 진리를 통해 소태산이 제시하고자 했던 것은 무엇인가? 소태산은 이 일원상을 진리의 상징이자 깨달음의 표상으로 제시했고, 신앙의 대상과 수행의 표본으로 삼았다. 세상에는 수많은 종교가 있다. 거기에 하나의 종교를 더하려고 출발한 것은 아니다. 표층종교 하나 더 늘어난다고 세상이 얼마나 달라질까? 거짓된 신앙과 편협한 수행은 인류의 혼란만을 가중시킨다. 오히려 현대 사회에는 심층종교가 절실하다.

캐나다 리자이나대학 비교종교학 명예교수 오강남 박사는 '표층종교와 심층종교는 어떻게 다른지'에 대해 설명한다. 즉 표층종교는 지금의 내가 잘되기 위해 믿는 종교로서 무조건적인 믿음을 강조하거나 경전의 문자에 매달리며, 절대자를 밖에서 찾으려 하거나 현실보다는 내세를 중시하며, 모든 사람이 서로 분리되어 있다고 믿는다. 반면에 심층종교는 참나를 찾고자 하며, 이해와 깨달음을 중시하고, 문자 너머의 본의를 통찰하며, 밖으로 구하기보다는 안으로도 찾으며, '지금 여기'의 삶을 강조하며, 모든 것이 서로 연결되어 있고 근본적으로 하나라는 믿음을 가진다(오강남, 2022). 한마디로 심층종교는 종교적 진리(도그마)에 얽매이는 것이 아닌 진리적 종교(진리에 근원한 종교)를 신앙하고, 도덕적 사실(관념)이 아니라 사실적 도덕(사실에 입각한 도덕)을 실천한다고 할 수 있다.

진리가 궁극적으로 하나라고 하지만, 그 하나가 다른 것을 배제하거나 초월한 하나라면, 그것은 형이상학적인 이데아에 불과하다. 그것은 현실에서 직접 접할 수 없는 초월적 존재자가 되어버린다. 소태산은 일원상을 통해서 각종 각파에 갈라진 신앙의 대상을 통하게 했다. 일원상은 가장 원만한 종교의 상징이라 할 수 있다. 이를 어느 한 종교의 전유물로 한정할 수 없다. 모든 종교의 갈라진 신앙의 대상과 궁극적 진리를 하나로 통하게 해주는 심층종교의 상징이다. 또한 일원상은 수행의 표본이다. 각종 각파로 분립된 수행법 혹은 공부법을 하나로 통하게 하여 편협한 수행이 아닌 원만한 공부가 되도록 한다. 역시 심층종교의 표본이 된다.

또한 일원은 그 자체로 중도(中道)와 다르지 않다. 중도는 어느 한 편에 치우치거나 얽매이지 않는다. 진리로 보나, 현상으로 보나, 그 운행(혹은 실행)으로 보나 모두 중도이다. 즉 진리 중도, 현상 중도, 그리고 실행 중도라 할 수 있다. 흔히 붓다의 깨달음을 무아와 연기로 설명한다. 이 역시 중도의 가르침이다. 나아가 붓다의 팔정도 수행도 중도의 수행이다. 고행(금욕)과 수정(선정)의 양 극단에 치우치지 않고 양자를 관찰(위빠사나)과 지혜(반야)를 중심으로 포괄하고 있는데, 이 계(戒)·정(定)·혜(慧) 삼학(三學)이 또한 중도의 수행이다.

중도의 가르침은 불교 사상의 전개 과정에서 지속적으로 확인된다. 용수는 '팔불중도(八不中道)'로서 이를 계승했다. 구체적으로 『중론』을 통해 생함과 멸함의 중도[不生不滅], 상주와 단멸의 중도[不常不斷], 같음과 다름의 중도[不一不異], 그리고 감과 옴의 중도[不出不來]이다. 즉 무분별(무자성)의 중도를 밝혔다. 육조는 『단경』에서 자성중도(自性中道)로서 이를 다시 뒤집어 놓았다. 자성은 곧 무념(無念)이고 무상(無相)이고 무주(無住)이다. 분별이 없는 그 자리에서는 모든 것이 있는 그대로 자성의 현현이다. 그러므로 자성삼보(자성에 불법승 삼보가 이미 갖추어 있음)이고 자성삼학(자성에 계정혜 삼학이 온전히 성취되어 있음)이며, 자성중도이다.

소태산은 일원중도(一圓中道)로서 이를 계승했다. 이는 있는 면과 없는 면, 유상(有常)과 무상(無常), 변(變)과 불변(不變) 등 모든 진리를 아우르는 진리 중도이며, 진리불 신앙과 처처불 신앙 혹은 진리 불공과 사실(실지) 불공을 아우르는 신앙 중도이며, 삼학을 함께 닦아가는 삼학병진(三學竝進), 동할 때나 정할 때나 한결같은 동정일여(動靜一如)의 수행 중도이다. 나아가 수도와 생활을 함께 온전한 영육쌍전(靈肉雙全), 일과 이치를 나란히 행하는 이사병행(理事竝行)의 생활 중도이며, 도학(정신문명)과 과학(물질문명)이 잘 조화된 문명 중도를 지향한다.

이처럼 소태산은 일원상을 통해 모든 종교의 교육 취지도 통합하고 활용하는 심층종교로서 일원회상(一圓會上)을 열었다. 이를 「교법의 총설」에서는 "우리는 우주 만유의 본원이요, 제불제성의 심인(心印)인 법신불 일원상을 신앙의 대상과 수행의 표본으로 모시고, 천지·부모·동포·법률의 사은(四恩)과 수양·연구·취사의 삼학(三學)으로써 신앙과 수행의 강령을 정하였으며, 모든 종교의 교지(敎旨)도 이를 통합 활용하여 광대하고 원만한 종교의 신자가 되자는 것"이라고 밝혔다.

세계의 모든 종교도 그 근본이 되는 원리는 본래 하나라고 했다. 그것을 일원상으로 천명해준 것이다. 즉, 진리불(법신불)인 일원상은 우주만유의 본원임과 동시에 제불제성의 심인이다. 또한 신앙의 대상이면서 수행의 표본이다. 특히 네 가지 큰 은혜인 사은을 신앙의 대상으로 삼고, 정신수양[定], 사리연구[慧], 작업취사[戒]의 삼학을 수행의 강령으로 정했다. 이로써 모든 종교의 교지를 통합 활용하여 '광대하고 원만한 종교의 신자'가 될 수 있게 했다.

은혜, 없어서는 살 수 없는 관계

소태산은 깨달음의 과정에서 그 순서를 알 수는 없으나 사은의 도움이 있었다고 회고했다. 사은(四恩)은 네 가지 큰 은혜이다. 『정전』「교리도」에서 '인과보응의 신앙문'을 밝히고 신앙의 대상이자 불공의 대상으로서 사은을 소개한다. 소태산은 '도가 행함으로써 나타나는 덕'을 은혜라 했다. 그리고 우리가 살아가는 것 자체가 '없어서는 살 수 없는 은혜'의 관계임을 선언했다.

우리를 둘러싸고 있는 모든 것들이 은혜 아님이 없다는 선언은 모든 것이 고통(괴로움)이라는 붓다의 선언과 대비된다. 붓다는 우리가 접하는 현상 세계는 모두 변하는 것[無常]이며, 무상하기에 불만족스러운 것[苦]이며, 실체라 할 만한 것이 없음[無我]을 밝혔다. 그리고 사성제 법문에서 모든 것이 괴로움 [苦]임을 선언했다. 소태산은 모든 것이 은혜라고 밝혔다. 그가 바라보는 현상 세계는 그냥 낱낱의 현실이 아니라 모든 존재가 연기된 하나의 법계이다. 그러므로 각각의 현상은 곧 법신(진리 자체)의 현현이며, 본성의 출현이다. 이는 화엄(華嚴)의 세계에 다름 아니다.

의상(義相, 625~702)은 『법성게(法性偈)』에서 화엄의 연기 세계를 "일중일체다중일(一中一切多中一) 일즉일체다즉일(一卽一體多卽一) 일미진중함시방(一微塵中含十方) 일체진중역여시(一切塵中亦如是)"라고 했다. 이는 "하나 중에 일체가 있고, 일체 중에 하나가 있다. 하나가 일체에 즉하고 일체가 하나에 즉한다. 하나의 작은 티끌 속에 우주가 포함되고, 일체의 티끌 속에도 또한 이와 같다." 여기서 '즉하다'는 말은 흔히 같다는 의미로 해석되는데, 낱낱의 차별 현상이 현상 그 자체로서 같다는 게 아니다. 각각의 차별 현상이 분별없는 본성의 차원에서 낱낱이 모두 법신불로서 같다는 뜻이다. 이는 상입상즉(相入相卽)의 법계연기(法界緣起)를 표현한 것이다. 여기서는 낱낱의 현상에 전체를 포함하고, 낱낱의 현상 자체가 전체에 즉한다. 사자의 털 하나가 사자 전체에 상입상즉하고, 하나의 티끌이 우주 전체에 상입상즉한다. 처처불이 곧 법신불과 상입상즉의 관계에 있다. 현실 세계와 진리 세계 사이에 절대적 분별이 있는 것이 아니다. 편의상 나누어 본 것일 뿐이다. 원래 분별이 없는 자리[法性]에서 그대로 현실 세계가 드러나니, 법신불이 그대로 드러나 처처불이 된다. 현실 세계에 연기적으로 펼쳐진 처처불 하나하나가 무량한 능력과 무량한 광명과 무량한 은혜를 갖춘 부처님이다. '곳곳이 부처[處處佛像]'이니, '일마다 불공[事事佛供]'하는 것이다.

소태산은 법신불 일원상의 내역을 사은(四恩)으로 밝혔다. 이 네 가지 큰 은혜는 천지은(天地恩), 부모은(父母恩), 동포은(同胞恩), 법률은(法律恩)이다.• 일원상의 진리[道]는 무량한 은혜[德]로 나타난다. 은혜가 그냥 나타나는 것이 아니라 진리적 이치에 따라서 현실에 맞게 나타난다. 한마디로 일원상의 진리가 인과보응의 이치를 따라 현실에 은혜로 드러나는 것이다. 같은 인과보응의 이치에 따라 드러난다면, 굳이 네 가지로 은혜를 따로 밝힌 이유가 무엇인가? 은혜를 네 가지 범주로 나누어 설명하는 것은 먼저 그 은혜가 나타나는 방식의 차이, 즉 각각의 범주에 따라 인과보응의 이치가 운행하는 방식

• 불가에서는 초기불교 이래로 은혜를 사은으로 설명해왔다. 그 내용은 지은(知恩)과 보은(報恩)의 관점에서 제시된다. 『정법염처경』에 부은, 모은, 여래은, 설법법사은이나, 『대승본생심지관경』에 부모은, 국왕은, 중생은, 삼보은, 그리고 영명연수(永明延壽, ?~975)의 『자각선사자행록』에 사장은, 부모은, 국왕은, 시주은 등이 그 예이다(장진영, 2019)

四恩

天地下鑑之位
父母下鑑之位
同胞應鑑之位
法律應鑑之位

少太山 書

소태산 대종사가 친필로 쓴 〈사은〉

에 차이가 있기 때문이다.

천지은은 '응용무념(應用無念)의 도'로서 인과보응의 이치가 나타난다. 부모은은 '자력 없는 이를 보호하는 도'로서 인과보응의 이치가 나타난다. 동포은은 '자리이타의 도'로서 인과보응의 이치가 나타난다. 법률은은 '인도 정의의 공정한 법칙'으로서 인과보응의 이치가 나타난다. 즉, 정의(正義)는 권장하는 법률로 그 은혜를 나타내고, 불의(不義)는 금지하는 법률로 그 은혜를 나타낸다. 은혜의 범위도 부모와 국왕에 한정되지 않고, 천지까지 확장된다. 그리고 인도 정의의 공정한 법칙인 법률의 은혜가 포함된다. 천지와의 관계, 부모와의 관계, 인간과 인간의 관계, 그리고 인간과 (인간이 만들어놓은) 법률의 관계까지 우리는 '없어서는 살 수 없는' 관계 속에 살아간다. 이 가운데 천지은과 부모은은 내려주는 은혜, 즉 하감(下鑑)하는 은혜라면, 동포은과 법률은은 감응하는 은혜, 즉 응감(應鑑)하는 은혜이다.

이처럼 은혜를 네 가지 범주로 따로 밝히면, 각각의 은혜를 알기 쉽게 설명할 수 있다. 더 중요한 점은 구체적인 실천으로 곧바로 이어질 수 있다는 것이다. 그 은혜가 어떻게 베풀어지는지를 제대로 알게 되면 구체적으로 그 은혜에 보답하는 실행을 할 수 있기 때문이다. 즉 지은(知恩)뿐 아니라 보은(報恩)까지 잘 하도록 사은을 밝혀 준 것이다. 실제 소태산은 신앙의 방법에서 불공법을 강조하는데, 잘 보은하는 것이 곧 잘 불공하는 일이 된다.

현상 세계에 운행하는 근본 이치[道]는 우주만유와 인간 세계를 관통하는 인과보응의 이치이다. 이 이치를 따라 선악 업보의 차별 세계가 펼쳐진다. 우주는 성주괴공으로, 만물은 생로병사로, 사생은 심신 작용을 따라 육도로 변화한다. 그렇 게 혹은 진급으로 혹은 강급으로 혹은 은생어해(恩生於害)로 혹은 해생어은(害生於恩)으로 무량세계를 전개한다. '은생어해' 는 해로움에서 은혜가 나오는 것이라면, '해생어은'은 은혜에 서 해로움이 나오는 것을 말한다. 누군가에게 은혜를 베풀고 는 그 베풀었다는 상이 남아 있다면 그것이 오히려 해로움으 로 돌아오는 경우가 있다. 반대로 해로움이 왔을 때, 그것을 전 화위복 삼아서 오히려 더 큰 은혜를 이끌기도 한다. 그 이유는 주고받는 관계[緣] 속에 우리의 마음[因]이 지속적으로 작용하 기 때문이다. 이 모든 과정에서 인과보응의 이치가 조금도 틀 림이 없이 작용한다.

'모두가 은혜이다.' 이는 '모든 것이 괴로움이다[一切皆苦]' 라는 초기불교의 입장과는 표면상 정반대이다. 물론 실상은 다른 것이 아니다. 초기불교에서는 무상(無常), 고(苦), 무아(無 我)의 삼법인과 부정(不淨)으로 현실 세계를 있는 그대로 파악 했기 때문이다. 반면에 대승불교의 『열반경』에서는 상(常)·락

(樂)·아(我)·정(淨)의 열반사덕을 주장하는데, 이는 진리 세계인 법신(法身)의 관점에서 실상을 그대로 보았기 때문이다. 초기불교에서는 현상 세계, 즉 유위법의 관점에서 본 반면에 대승불교에서는 진리 세계(법신), 즉 무위법(열반)의 관점에서 본 것이다. 이러한 관점은 궁극에는 법계연기설로 꽃을 피운다. 법계연기(法界緣起)는 법계의 모든 존재가 서로 연결되어있다는 화엄종의 관점이다. 소태산도 현상 세계를 파란고해로 보았다. 그런데 그 생멸 변화하는 현실 세계의 모든 존재들이 근본적으로 큰 은혜, 즉 없어서는 살 수 없는 관계로 연결되어 있음을 강조한 것이다.

소태산이 세상을 모두 은혜로 본 것은 인드라망의 구슬처럼 하나의 구슬에 일체의 구슬이 다 비추는 것과 같다. 각각의 현상이 우주 전체를 포함한다. 티끌 먼지가 수미산 전체요, 사자 터럭이 사자 전체이다. 법신불의 관점에서는 현상 세계의 하나하나와 우주 전체가 상입(相入)하고 상즉(相即)해 있다. 그러므로 현상 세계 하나하나가 하찮은 존재가 아니라 무량한 공덕을 갖춘 은혜의 부처가 된다. 진리 자체는 법신불(法身佛)로서 은혜이다. 동시에 사은 각각, 나아가 모든 존재 현상이 '처처불(處處佛)'로서 은혜이다. 그러므로 네 가지 은혜가 베풀어지는 모습을 잘 알고, 그 은혜에 보답하자는 '지은보은(知恩報恩)'의 관점에서 항상 감사하는 생활을 하자는 것이다. 혹시 원망할 일이 있더라도 은혜를 발견하여 원망 생활을 감사 생활로 돌리는 공부가 필요하다. 즉 지은보은을 할 때, 진리 자체에 관한 보은은 곧 진리불에 대한 불공(진리불공)이 되고, 사은의 각각에 대한 보은은 곳곳에서 은혜를 베풀어주는 처처불에 대한 불공(실지불공)이 된다.

불공법은 신앙의 대상인 불(佛)·법(法)·승(僧)에게 예배하고 공양하는 것이다. 진리불, 즉 법신불 일원상은 신앙의 대상이다. 진리 자체를 향한 불공(신앙 행위)이기 때문에 분별을 초월한 절대적 존재에 귀의하고 의지한다는 의미가 포함된다. 우리가 초월적 존재로서 절대자를 믿는다면, 그에게 모든 것을 맡길 수 있다. 이때 분별과 망상을 내려놓음으로써 진리의 소식 혹은 신의 계시를 듣게 된다. 이것이 무한한 타력을 얻는한 방법이다. 소태산은 진리 불공으로 무한한 진리의 위력을 얻는 한편 현실 세계에 대한 실지불공으로서 현실의 복락을 얻게 했다.

실지불공의 사례로 부안 변산 실상사(實相寺)에 불공하러 가던 노인 부부의 일화가 전한다(『대종경』「교의품」15장). 소태산이 변산 시절 봉래정사(석두암)에 거처할 때였다. 하루는 어떤 노인 부부가 며느리의 성질이 불순하고 불효하므로 실상사 부처님께 불공하러 간다는 얘기를 들었다. 이에 소태산은 "그대들이 어찌 등상불에게는 불공할 줄을 알면서 산 부처에게는 불공할 줄을 모르는가"라고 물었다. 그 부부가 놀라서 "산 부처가 어디 계신가요?"라고 물으니, 소태산이 "그대들의 집에 있는 며느리가 곧 산 부처이다"라고 말한다. 그리고 "그대들에게 효도하고 불효할 직접 권능이 그 사람(며느리)에게 있기 때문이니, 거기에 먼저 불공함이 어떠하겠는가"하고 불공하는 방법까지 자상히 일러주었다. "그대들이 불공할 비용으로 자부(며느리)의 뜻에 맞을 물건도 사다 주며 자부를 오직 부처님 공경하듯 위해 주어 보라. 그리하면, 그대들의 정성을 따라 불공한 효과가 나타나리라." 노인 부부가 집에 돌아와 그대로 하였더니, 몇 달 안에 며느리가 효부가 되었다. "이것이 곧 죄복을 직접 당처에 비는 실지불공(實地佛供)"이다.

실지불공은 '산 부처'에게 공양하라는 의미이지, 불상을 무시하라는 얘기가 아니다. 임제의현(臨濟義玄, ?~867)도 살불살조(殺佛殺祖)했고, 덕산선감(德山宣鑑, 782~865)도 가불매조(呵佛罵祖)했다. '부처를 만나면 부처를 죽이고 조사를 만나면 조사를 죽인다.' '부처를 꾸짖고 조사를 욕한다.' 부처와 조사의 겉모습에 사로잡혀 그 본의를 살피지 못함을 경책한 것이다. 부처와 조사를 직접 보라는 뜻이다. 부처와 조사에 대한 분별을 내려놓을 때, 비로소 참 부처와 참 조사를 만날 수 있다. 현실에서도 불상을 내려놓았을 때, 그 너머에서 부처님의 무상대도와 부처님의 무량공덕에 귀의할 수 있다.

형식에 얽매이지 말고 진실을 찾자! 죄복의 권능을 가진 자가 부처이다. 노인 부부의 행불행을 좌우하는 부처가 곧 며느리이니 그 며느리에게 직접 불공을 드리는 것이 이치에 합당하다. 결국 불효했던 며느리가 효부로 변했다. 그 이유는 무엇일까? 정성이다. 그리고 그 정성을 드릴 때, '어느 곳에 불공을 드려야 할지[신앙의 대상]' 혹은 '어떻게 불공을 드려야 할지[신앙의 방법]'를 분명히 알아야 미신적인 신앙에 빠지지 않을 수 있다. 예법혁신이나 불교혁신도 다 같은 맥락이다. 즉 "예법도 번잡한 형식 불공법을 다 준행할 것이 아니라 사실 불공을 주로 하여 세간 생활에 적절하고 유익한 예법을 더 밝히자는 것(『대종경』「서품」 18장)"이다. 사은으로 밝힌 것도 그 은혜가 나타나는 방식에 따라 네 가지 범주로 나눈 것이다. 각각의 은혜를 잘 알아서[知恩], 각각의 은혜에 맞게 보답하자[報恩]는 것이다. 보은이 곧 불공이다. 이는 『정전』「불공하는 법」에 자세히 담겨 있다.

> "과거의 불공법과 같이 천지에게 당한 죄복도
> 불상(佛像)에게 빌고, 부모에게 당한 죄복도 불
> 상에게 빌고, 동포에게 당한 죄복도 불상에게
> 빌고, 법률에게 당한 죄복도 불상에게만 빌 것
> 이 아니라, 우주 만유는 곧 법신불의 응화신(應

化身)이니, 당하는 곳마다 부처님(處處佛像)이요,
일일이 불공 법(事事佛供)이라, 천지에게 당한 죄
복은 천지에게, 부모에게 당한 죄복은 부모에게,
동포에게 당한 죄복은 동포에게, 법률에게 당한
죄복은 법률에게 비는 것이 사실적인 동시에 반
드시 성공하는 불공법이 될 것이니라. 또는, 그
기한에 있어서도 과거와 같이 막연히 한정 없이
할 것이 아니라 수만 세상 또는 수천 세상을 하
여야 성공될 일도 있고, 수백 세상 또는 수십 세
상을 하여야 성공될 일도 있고, 한 두 세상 또는
수십 년을 하여야 성공될 일도 있고, 수월 수일
또는 한 때만 하여도 성공될 일이 있을 것이니,
그 일의 성질을 따라 적당한 기한으로 불공을
하는 것이 또한 사실적인 동시에 반드시 성공하
는 법이 될 것이니라."

부처님, 하느님 등 신앙의 대상에는 과연 어떤 권능이 있는가?
그 권능도 결국 사은의 통로를 통해 네 가지 방식으로 나타난
다. 그러므로 형식적이고 관념적인 불공법이 아니라 '사실적
이고 반드시 성공하는 불공법'으로 각각의 당처에 맞춤형 실
지불공을 하자는 것이다. 그러면 '곳곳이 부처님[處處佛像]'이

고, '일마다 불공법[事事佛供]'이다. 그 대상과 기간에 따라 불공을 한다면, 사실적이면서도 반드시 성공하는 불공법이 된다. 그러므로 진리불공과 사실불공(실지불공)을 통해 진리계와 현상계의 무한한 은혜를 발견하고, 그 은혜에 보답하며 살아갈 때, 다시 무한한 은혜와 위력을 얻게 되는 것이다.

공동체 불공법, 자유와 평등의 공동체

세계적인 석학이자 미래학자인 존 나이스비트(John Naisbitt, 1929~2021)는 『글로벌 패러독스(Global Paradox)』에서 인간이 가지는 두 가지 욕구로 자유롭고 싶은 욕구와 함께 하고픈 욕구를 들었다. 실제 자율과 연대 혹은 자유와 평등의 가치는 모든 공동체가 추구하는 가치이기도 하다. 자율과 연대 혹은 자유와 평등의 가치는 둘 다 한꺼번에 추구하기 힘든 잠재적 패러독스이다. 자유만 추구하면 평등이 침해될 수 있고, 평등만을 강조하면 자유가 억압될 수 있다. 이 양면성은 근대 국가의 근본이념이면서 핵심 가치를 이룬다.

소태산은 이를 '사요(四要)'에 담고 있다. 일종의 사회 불공법이고 공동체 불공법이다. 우리가 몸담고 살아가는 공동체

자체가 불공의 대상이 되는 것이다. 좋은 사회나 국가 등 좋은 공동체는 우리의 삶의 터전이요, 영적 기반이다. 좋은 공동체는 각자의 영적 성장을 위한 좋은 품이 된다. 힘들고 어려울 때 힘을 얻고 위로받는 곳이 곧 엄마의 품이고 고향의 품이다. 공동체 구성원이 열어가는 상생상화와 공생공영의 길은 일상의 삶 속에서 현실의 고통을 벗어나는 요긴한 길이며, 현실의 경계 속에서 영적 성장을 이뤄가는 길이다.

이처럼 공동체 운영에 필요한 네 가지 요건을 사요로 밝힌 것이다. 그 내용은 자력양성(自力養成), 지자본위(智者本位), 타자녀교육(他子女敎育), 공도자숭배(公道者崇拜)이다. 자력양성은 정신의 자주력, 육신의 자활력, 경제의 자립력을 포괄한다. 어떻게든지 타력에 의지하려는 마음을 돌려서 스스로 할 수 있는 자력을 기르자는 것이며, 각자가 진리를 탐구하고, 세상을 이롭게 할 힘을 기르자는 말이다. 지자본위는 무슨 일을 할 때, 불합리한 차별 제도에 끌리지 말고, 어떤 분야든지 지혜로운 사람[智者]에게 잘 배우는 사람이 되자는 것이다. 타자녀교육은 내 자녀와 남의 자녀를 구분하지 말고, 누구든지 배울 수 있도록 평등한 교육 여건을 만들어서 잘 가르치는 사람이 되자는 것이다. 공도자 숭배는 공동체마다 그 공동체에 헌신하는 이들을 잘 받들어 모시자는 것이다.

먼저 자력양성을 살펴보면, 그 강령은 다음과 같다.

"자력이 없는 어린이가 되든지, 노혼(老昏)한 늙은이가 되든지, 어찌할 수 없는 병든 이가 되든지 하면이어니와, 그렇지 아니한 바에는 자력을 공부삼아 양성하여 사람으로서 면할 수 없는 자기의 의무와 책임을 다하는 동시에, 힘 미치는 대로는 자력 없는 사람에게 보호를 주자는 것이니라."

－『정전』 자력양성

누구든지 자력을 키우고, 그 자력을 바탕으로 의무와 책임을 다하고, '힘 미치는 대로' 무자력자를 보호하자는 것이다. 자력양성은 기본적으로 개인의 자력에 의한 자율적인 삶을 통해서 타력에 의존하는 타율적인 삶에서 벗어나는 것이다. 소태산이 제자들과 최초로 했던 저축조합이나 간석지 개간 사업(방언공사)이 대표적인 사례이다. 이후에도 허례 폐지, 의례 간소화 등 형식에 치우친 예법을 혁신하여 실제 생활에 도움이 되게 한 점도 중요한 사례가 될 수 있다. 이는 '부부권리동일(夫婦權利同一)'로 시작했다가 '남녀권리동일(男女權利同一)'을 거쳐서 '자력양성'으로 정착된 것이다. 한마디로 '인권평등'을 강조한다. 누구나 타력에 의지하는 생활이 아닌 각자의 자력을 양성하여 공동체에서 각자의 정신적, 육체적, 경제적 가치를 충분히 발휘하고 공동체에 기여하면서 살아가자는 취지가 담겨 있다.

둘째는 지자본위이다. 그 강령은 다음과 같다.

> "지자(智者)는 우자(愚者)를 가르치고 우자는 지
> 자에게 배우는 것이 원칙적으로 당연한 일이니,
> 어떠한 처지에 있든지 배울 것을 구할 때에는
> 불합리한 차별 제도에 끌릴 것이 아니라 오직
> 구하는 사람의 목적만 달하자는 것이니라."
>
> -『정전』 지자본위

소태산은 지자와 우자의 차별만은 원칙적으로 당연하다고 인정한다. 물론 이 역시 절대적인 차별을 말하는 것이 아니다. 다만 오히려 구하는 사람의 목적만을 생각할 뿐, 불합리한 차별 제도에 끌려서 배울 기회에 배우지 못하는 일이 없어야 한다는 취지이다. 과거에는 불합리한 차별 제도로 양반과 상인 등의 신분 차별이 매우 컸다. 오늘날 신분제는 폐지되었지만 여전히 남자와 여자, 연장자와 연소자, 유식한 자와 무식한 자, 가진 자와 못 가진 자 등의 차별이 없지 않다. 거기에 인종, 민족, 종교 등의 차별도 여전하다. 우리는 지위와 체면으로 배울 기회를 놓쳐서는 안 된다는 것이다. 이는 '지식평등'을 강조한 것으로 누구든지 시대에 따라, 상황에 맞게, 새로운 지식을 적극적으로 수용하고, 그 지식을 실생활에 활용하면서 살아가자는 취지가 담겨 있다.

셋째는 타자녀교육이다. 그 강령은 다음과 같다.

> "교육의 기관이 편소하거나 그 정신이 자타의 국한을 벗어나지 못하고 보면 세상의 문명이 지체되므로, 교육의 기관을 확장하고 자타의 국한을 벗어나, 모든 후진을 두루 교육함으로써 세상의 문명을 촉진시키고 일체 동포가 다 같이 낙원의 생활을 하자는 것이니라."
>
> -『정전』 타자녀교육

잘 배우는 일만큼 잘 가르치는 일도 중요하다. 교육을 할 때도 앞서 말한 차별 제도에 얽매이지 말고, 자타의 국한을 벗어나서 누구에게나 교육이 고루 이루어지도록 경제적으로 직간접적인 후원을 하고, 제도적으로 교육 기관을 확충해 나간다. 한마디로 '교육평등'의 정신이다.

마지막으로 공도자 숭배이다. 그 강령은 다음과 같다.

> "세계에서 공도자 숭배를 극진히 하면 세계를 위

하는 공도자가 많이 날 것이요, 국가에서 공도자 숭배를 극진히 하면 국가를 위하는 공도자가 많이 날 것이요, 사회나 종교계에서 공도자 숭배를 극진히 하면 사회나 종교를 위하는 공도자가 많이 날 것이니, 우리는 세계나 국가나 사회나 교단을 위하여 여러 방면으로 공헌한 사람들을 그 공적에 따라 자녀가 부모에게 하는 도리로써 숭배하자는 것이며, 우리 각자도 그 공도정신을 체 받아서 공도를 위하여 활동하자는 것이니라."

-『정전』 공도자숭배

어떻게든지 그 공동체의 성공을 위해서는 공동체에 헌신하는 공도자가 많이 나와야 한다. 그러기 위해서는 자녀가 부모에게 하는 도리로써 공도자를 숭배하자는 것이다. 숭배한다는 것은 받들어 모신다는 뜻이다. 이 조목이 처음에는 '공도헌신자 이부사지(公道獻身者 以父事之)'였다. 공도에 헌신한 사람을 부모를 섬기듯이 하라는 의미이다. 공도자를 받들어 모심으로써 개인이나 가정에 얽매이는 삶에서 벗어나서 공도를 위해 헌신하는 이들이 많아지면 자연히 우리의 삶이 달라지기 때문이다. 이를 통해 공동체 전체에 공익 정신이 널리 퍼지면,

자연히 가난과 빈곤과 무지에 처한 이들의 생활이 전반적으로 골라져서 '생활평등'이 이루어지고 모두가 공생 공영할 수 있다.

이처럼 소태산은 사요를 통해 자력 없고 배울 줄 모르고, 가르칠 줄 모르고 또 공익심이나 공익을 위하는 실행이 없던 당시 민중들에게 '함께 진급'하는 길을 제시했다. 안으로는 자력을 키워서 자유의 정신을 실현해 가고, 밖으로 공도에 헌신하여 평등과 연대의 정신을 확충해가도록 한 것이다. 사요 중 자력양성과 공도자 숭배가 양 축이 되고, 지자본위와 타자녀교육은 서로 배우고 서로 가르치며 '함께 진급'하는 전반세계(氈盤世界, 모든 사람이 구제받고 함께 잘사는 사회)를 이뤄가는 것이다. 양탄자의 모가 한 올 한 올 제 역할을 하면서 평평하게 펼쳐졌듯이[氈盤], 자력을 양성하면서 '공도'의 정신으로 세계가 함께 진급하는 평등한 세계가 될 수 있다.

한편 소태산은 무자력자 보호와 타자녀교육을 실현하는 제도로서 '은부모시자녀(恩父母侍子女)' 제도를 두었다. 혈연을 넘어서 법연(法緣)의 가족을 제시한 것이다. 물론 과거에도 아들이 없거나 자손이 없는 경우에는 양자를 두는 경우가 간혹 있었으나 대체로 친족의 범위를 벗어나지 않았다. 하지만 소태산의 은부모시자녀법은 달랐다. 나이 든 어른 중 자녀가 없거나 혹은 자녀가 있더라도 경제적 여유가 있는 이들이 어리고 자력 없는 후배들을 후원했다. 마치 친자녀처럼 여기며 자력을 갖추도록 물심양면 돕는 것이다. 반대로 어린 자녀들 중에 부모가 없거나 부모가 있더라도 어려운 형편 탓에 공부할 기회를 얻지 못한 이들에게는 은부와 은모를 모시도록 함으로써 공부의 기회를 놓치지 않도록 했다. 이들이 자력을 갖추면, 자신들을 자식처럼 이끌어준 은부모를 부모님처럼 봉양하고 모신다. 그렇게 공도자 숭배를 실현하고, 자신도 공도자도 함께 성장해 가는 것이다. 이처럼 일제강점기의 여러 가지 제약 속에서도 소태산은 제자들을 양성하고 교육하는 데 온 정성을 다했다.

현재 우리는 이미 인권평등, 지식평등, 교육평등, 생활평등이 제도적으로 어느 정도 보장된 나라에서 살고 있다. 그런데도 개인의 자유가 크게 신장되었는지, 공도의 정신이 널리 퍼졌는지 여전히 의문이다. 아직 전 세계 인류가 그 깊은 뜻을 각자의 공동체에서 실현하지 못하고 있으며, 여전히 수많은 불합리한 차별 제도로 고통 받고 있다. 남녀의 차별, 노소의 차별은 물론 카스트제도와 같은 뿌리 깊은 신분의 차별이 행해지는 경우도 많다. 또 자본의 유무에 따른 빈부의 차별까지 곳곳에 수많은 차별이 만연한 것이 현실이다. 특히 인종차별, 민족차별, 거기에 종교차별 등이 겹치면서 수많은 테러와 전쟁, 그로 인한 끔찍한 학살과 만행이 자행되고 있다.

이 점에서 사요의 정신은 인류가 몸담고 있는 크고 작은 공동체의 영적 성숙을 위해 매우 요긴한 해법을 시사해 준다. 소태산은 천지, 부모, 동포, 법률의 사은을 지은하고 보은함으로써 평화의 세계를 열어갈 뿐만 아니라 가정, 사회, 국가, 세계 등 공동체 전체를 불공의 대상으로 보고 사요를 통한 공동체 불공으로 평등의 세계를 구현하고자 했다.

고를 버리고 낙으로 가는 길

진리 자체는 말로 표현할 수 없는 자리여서 '언어도단의 입정처'라고 했다. 그런데 달을 가리키는 손가락처럼 일원상도 진리를 가리키는 손가락 역할을 한다. 일원(一圓)은 진리의 이름이지만, 이를 통해 진리를 실제에 들어맞게 설명하고 있다. 일원은 '우주만유의 본원(本源)'으로서 진리 그 자체를 뜻한다. 그것은 부처님이고 하느님이며, 무극이고 태극이며, 자연이고 도이다. 비록 진리에 대한 표현은 종교마다 철학마다 다르지만, 그 이름에 상관없이 그 근원은 하나로 통한다. 한마디로 '진리의 일원(眞理一圓)'이다. 이 일원상을 통해 하나의 진리를 드러내고, 모든 진리의 근원이 하나임을 밝히고 있다. 그러므로 일원상은 한 종교의 소유가 아니라 모든 종교의 공유이다.

신앙의 대상을 향한 신앙 행위를 '불공(佛供)'이라고 하는데, 이는 부처님께 공양을 올린다는 뜻이다. 소태산은 진리를 대상으로 하는 심고와 기도 혹은 예경 등 '진리불공'도 중시했지만, 무엇보다도 실제 우리가 접응하는 대상마다 그 실지(實地)에 맞게 정성을 다하자는 실지불공을 함께 강조했다. 진리불공은 모든 현상을 포괄하는 진리 자체에 대한 신앙 행위이다. 부처님, 하느님 등에 대한 심고나 기도와 예배나 예불 등이 모두 이에 해당한다. 실제 진리불공은 사찰이나 교회와 같은 특정한 장소에서만 가능한 것이 아니라 어디서나 가능하다. 법신불(진리불)은 어디에나 존재하기 때문이다. 어디서나 기도의 정성을 다하면 안으로 사심이 없어지면서 그 진리의 은혜와 위력이 나타난다. 우리가 그렇게 조금의 사심이 없이 지극 정성으로 기도의 정성을 올리게 되면, 진리의 감응이 있다. 사심이 없는 가운데 알게 모르게 주변의 도움, 즉 사은의 도움을 받게 되는 것이다. 그렇게 그 위력이 나타난다.

　　반면에 그 진리가 드러난 개별 현상에 대한 신앙 행위가 실지불공이다. 개별 대상의 특성에 맞게 맞춤형 불공을 드리는 것이다. 그렇게 하면 개별 대상이 지닌 권능에 의해 그 위력을 얻게 된다. 앞서 실상사 노인 부부가 며느리에게 정성을 다해 효부로 변화시킨 것과 소태산 등이 영산에서 갯벌을 막아서 옥토를 만든 것도 실지불공의 실례가 될 것이다. 다시 말해 실지불공은 언제나 어디서나 누구를 만나든, 어떤 일을 당하든 그 대상과 상황에 맞게 정성을 다하는 모든 행위 그 자체이다. 이렇게 각 전통의 신앙 대상을 모두 일원상으로 통하게 함으로써 '사실적이고 반드시 성공하는 불공법'을 제시했다. 이것이 '신앙의 일원(信仰一圓)'이다.

일원상은 신앙의 대상만이 아니라 수행의 표본이기도 하다. 소태산은 일원상을 '제불제성의 심인(心印)'이라고 했다. 모든 부처와 모든 성자의 마음을 도장 찍으면 그대로 'ㅇ'과 같다는 것이다. 즉 일원상은 부처와 성자의 마음 도장이다. 거기에 소태산은 일원상을 '일체중생의 본성(本性)'이라고 했다. 중생들의 마음이 욕심에 가리기도 하지만, 그 본성만큼은 부처와 다르지 않다는 것이다.

파란고해의 중생들에게는 엄청난 희망이 아닐 수 없다. 지금의 모습을 보면 안타까운 모습들이 많겠지만, 그 속에서도 원래 우리의 성품은 부처와 다르지 않은 '원만구족하고 지공무사한 것'이라는 점을 선언한 것이다. 우리의 본성이라고 하지만 우리는 그것을 있는 그대로 받아들이지 못한 채 스스로 고통의 세계를 붙잡고 살아간다. '등에 금을 지고 밥을 빌어먹는다'는 말이 있듯이 이미 부처와 다르지 않은 불성과 여래의 성품을 갖추고 있지만, 그 보물을 스스로 알지 못하고 밖으로 구걸하며 살아가는 것이다. 진리를 있는 그대로 보지 못하는 것은 모두 '나(ego)' 자신의 욕심 때문이다. 그 '나'를 벗어나 'ㅇ(일원상)'으로 살아가기 위해서는 어떻게 해야 할 것인가?

소태산은 일원상의 진리를 요약하여 공(空)과 원(圓)과 정(正)의 세 가지 속성으로 밝혔다(『대종경』「교의품」7장). '공(空)'은 텅 비어 있다, '원(圓)'은 두루 갖추고 있다, '정(正)'은 바르게 작용한다는 것이다. 진리가 그냥 있다 혹은 없다 하는 게 아니다. 분별이 사라지면 흔적조차 찾을 수 없는 텅 빈 모습이었다가, 분별이 나타날 때는 모든 것이 빠짐없이 갖추어져 있는 모습이다. 그것이 작용(운행)할 때는 털끝만큼의 사심도 없기 때문에 공정하게 작용한다. 마치 해와 달이 때를 따라서 어김없이 운행하듯이 그 공정한 작용으로 만물이 만덕(萬德)을 얻는다. 세상에 수많은 수행법이 있지만, 이 일원의 진리를 체득하는 과정에서 벗어나지 않는다. 기존의 모든 수행은 이 진리의 세 가지 속성을 체득하는 과정으로 일원의 진리를 체득하고 활용하는 방법이다. 한 마디로 '수행의 일원(修行一圓)'이다.

실제 모든 수행법도 진리의 세 가지 속성에서 비롯된다. 먼저 '공(空)'을 보면, 분별을 놓는 모든 공부가 여기에 해당한다. 대표적인 예로 '좌선'과 '염불'처럼 한 곳에 마음을 집중해 일심을 양성하는 공부이다. 이를 통해 텅 빈 마음(공성, 본성)을 온전히 회복하는 공부, 그리고 그 회복된 자리를 잘 지키는 공부가 여기에 해당한다. 이는 삼학 중 정학(定學)에 해당한다.

팔정도에서는 정념(正念, 올바른 마음챙김)과 정정(正定, 올바른 선정)을 들었다. 소태산은 이를 정신수양(精神修養)이라 했는데, 말 그대로 정신을 수양하는 공부이다. 정신은 '두렷하고 고요하여(혹은 고요하고 두렷하여) 분별성과 주착심이 없는 마음'이다. 이것은 고요함과 두렷함(엉클어지거나 흐리지 않고 아주 분명함), 적적(寂寂)함과 성성(惺惺)함을 동시에 가진다. 그러므로 마음이 두렷하여 '분별성'에 얽매이지 않도록 하며, 마음이 고요하여 '주착심'에 사로잡히지 않도록 한다.

'분별성(分別性)'은 분별하는 경향성으로 '나는 원래 ~ 다', '너는 항상 ~ 다', '남자는 ~ 해야 한다' 혹은 '여자는 ~ 해야 한다', 'ㅇㅇ 사람은 ~ 다' 등 편견과 고정관념 등이 주로 해당한다. 이는 개인의 주관적 경험이나 사회적 학습, 그리고 문화적 전승으로 형성된다. 우리는 그렇게 형성된 관념으로 자신과 세상을 규정하고 스스로 그것에 사로잡혀(안주하여) 살아간다. 이처럼 분별성에 집착하는 마음을 '주착심(住着心)'이라고 한다. '분별성'이 인지적 측면의 장애라면, '주착심'은 정서적 측면의 장애이다. 그러므로 아침이나 저녁으로 염불이나 좌선, 명상 등 정신수양을 통해 번거로운 정신을 쉬게 함으로써 마음을 고요히 맑혀 온전히 깨어있게 한다. 특히 외부 경계의 급속한 변화, 그로 인한 욕심과 유혹의 경계들이 많아진 요즘에는 늘 두렷하고 고요한 정신을 유지하며 각자의 본성을 지키고, 여유와 안정을 잃지 않는 공부가 무엇보다 필요하다.

다음은 '원(圓)'이다. 이 자리는 낱낱이 드러난 우주만유의 이치[理]와 인간 세상의 일[事] 등을 그 대상으로 한다. 여기에도 수많은 공부가 있다. 대표적으로는 공부의 방향로(방향과 경로)를 잡게 해주는 '경전' 공부가 있다. 그리고 보고 듣고 경험한 것을 나누거나 모르는 것을 묻고 답하는 공부로서 '강연'과 '회화'를 독려했다. 공부(수행) 과정에서 얻은 감상이나 감각을 문답하면서 함께 지견을 넓히고 혜두(慧頭, 지혜의 머리)를 단련하도록 한 것이다. 강연은 주제를 정하고 격식을 갖추어서 한다면, 회화는 자유롭고 격식 없이 한다는 점에서 차이가 있지만 서로 보완이 되는 공부이다. 이처럼 함께 하는 공부가 오히려 더 빠르고 효과적인 공부가 될 수 있다.

반면에 말로 다 표현할 수 없는 의문이나 불조의 화두 등을 품고 연마하는 '의두(疑頭)' 공부가 있다. 그리고 우주의 이치와 인간의 성품의 원리를 직접 해결하여 아는 '성리(性理)' 공부 등이 있다. 이는 대체로 불가의 혜학(慧學)에 해당한다. 팔정도에 올바른 이해[正見], 올바른 의도[正思惟]를 말한다. 전통적으로 혜학이라고 하면, 깨달음을 통한 근본적인 지혜(반야)를 얻는 데 중점을 두고 있다. 하지만 현대 사회에 와서는 외부 환경의 변화, 과학기술의 발달 등에 따라 늘 새로워질 수밖에 없는 지식이나 환경의 변화에 관한 연구도 필요하다. 다

일원상(〇), 통합과 활용의 길

시 말해 근본 무지[無明]를 타파하는 근본적인 지혜(반야지)를 얻는 것도 중요하지만, 동시에 현실 무지[無識]를 타파하는 현실적인 지식(세속지)도 잘 알아서 적재적소에 활용할 수 있어야 한다. 그러므로 소태산은 혜학을 일[事]과 이치[理]를 궁구하고 연마한다는 뜻에서 '사리연구(事理研究)'라고 했다.

여기서 "사(事)라 함은 인간의 시·비·이·해(是非利害)를 이름이요, 이(理)라 함은 곧 천조(天造)의 대소유무(大小有無)를 이름(『정전』 사리연구의 요지)"이다. 인간의 일은 결국 옳고 그름[是非]과 이롭고 해로움[利害]으로 결정된다는 것이다. 중생은 이해를 따져서 설령 옳지 않은 일이라 할지라도 당장의 이로움을 쫓아가고, 성인은 시비에 따라서 설령 당장에는 해로울지라도 옳은 일을 추구한다. 우주에는 대소유무의 이치가 있다. "대(大)라 함은 우주만유의 본체를 이름이요, 소(小)라 함은 만상이 형형색색으로 구별되어 있음을 이름이요, 유무라 함은 천지의 춘·하·추·동 사시 순환과, 풍·운·우·로·상·설(風雲雨露霜雪)과 만물의 생·로·병·사와, 흥·망·성·쇠의 변태(『정전』「사리연구의 요지」)"를 말한다. 대는 분별 없는 본성 그 자체, 소는 모든 분별이 드러나 펼쳐진 세계, 유무는 모든 것이 변화하는 자리를 말한다.

굳이 이렇게 나누어서 세밀하게 공부하도록 한 이유가 뭘까? 「사리연구의 목적」에서 다음과 같이 설명하고 있다.

"이 세상은 대소유무의 이치로써 건설되고 시비 이해의 일로써 운전해 가나니, 세상이 넓은 만큼 이치의 종류도 수가 없고, 인간이 많은 만큼 일의 종류도 한이 없나니라. 그러나 우리에게 우연히 돌아오는 고락이나 우리가 지어서 받는 고락은 각자의 육근(六根)을 운용하여 일을 짓는 결과이니, 우리가 일의 시·비·이·해를 모르고 자행자지한다면 찰나 찰나로 육근을 동작하는 바가 모두 죄고로 화하여 전정 고해가 한이 없을 것이요, 이치의 대소유무를 모르고 산다면 우연히 돌아오는 고락의 원인을 모를 것이며, 생각이 단촉하고 마음이 편협하여 생·로·병·사와 인과보응의 이치를 모를 것이며, 사실과 허위를 분간하지 못하여 항상 허망하고 요행한 데 떨어져, 결국은 패가망신의 지경에 이르게 될지니, 우리는 천조의 난측한 이치와 인간의 다단한 일을 미리 연구하였다가 실생활에 다달아 밝게 분석하고 빠르게 판단하여 알자는 것이니라."

–『정전』「사리연구의 목적」

163　　　　일원상(○), 통합과 활용의 길

원래 혜(慧)는 무분별지(無分別智)로서 근본적인 지혜(반야)를 주로 밝혔다. 이는 대(大) 자리나 공(空) 자리에 해당한다. 하지만 현대 사회를 살아가려면, 대(大) 자리 공부와 함께 현상의 차별 세계를 밝힌 소(小) 자리, 그리고 그 현상이 인과의 이치를 따라 변화하는 유무(有無) 자리까지 알 필요가 있다.

진리의 세 가지 속성 중 마지막으로 '정(正)'을 들 수 있다. 이는 진리의 작용에 착안해 우리의 공부에서 도덕적이고 윤리적인 측면을 강조한 것이다. 진리 자체만 본다면, 도덕과 윤리가 필요 없다. 사심이 없기 때문이다. 그저 때를 따라서 운행하여 때를 따라 만물을 살리기도 하고 만물을 죽이기도 하지만, 결국 대도가 운행함에 따라 대덕으로 나타내서 큰 은혜를 베푼다. 하지만 인간은 욕심에 사로잡혀서 그 심신의 작용이 공정하지 않고 한편에 치우쳐 있다. 그러므로 실행에 있어서 바르게 하는 공부가 필요하다.

이를 불가에서 계학(戒學)이라 했는데, 팔정도에서는 올바른 말[正語], 올바른 행동[正業], 올바른 생계[正命]로 밝혔다. 우리는 살면서 몸, 입, 마음으로 업을 짓고 그 결과(업보)로 고통을 받는다. 이는 인과보응의 이치에 따라 털끝만큼도 틀림이 없다. 그러므로 악업을 짓지 아니하고 선업을 짓는 것은 각자의 영적 성장은 물론 주변의 관계 회복을 위해 꼭 필요하다. 이를 소태산은 '작업취사'라고 했다. 작업(作業)은 "무슨 일에

나 안·이·비·설·신·의(眼耳鼻舌身意) 육근을 작용함"을 말한다. 육근은 곧 심신을 말한다. 즉 우리는 심신 작용을 통해 24시간 업을 짓고 있다. 취사(取捨)는 "정의는 취하고 불의는 버림"을 말하는데, 취사는 한 마디로 선택적 실행이다. 옳은 행동은 취하고, 옳지 않은 행동은 취하지 않는 것이다.

소태산은 인류가 파란고해에서 벗어나고 병든 사회를 치료하기 위해서는 이 취하고 버리는 실행 공부가 무엇보다도 중요하다고 강조한다.

> "우리 인류가 선(善)이 좋은 줄은 알되 선을 행하지 못하며, 악이 그른 줄은 알되 악을 끊지 못하여 평탄한 낙원을 버리고 험악한 고해로 들어가는 까닭은 그 무엇인가? (…중략…) 그것은 일에 당하여 시비를 몰라서 실행이 없거나, 설사 시비는 안다 할지라도 불 같이 일어나는 욕심을 제어하지 못하거나, 철석 같이 굳은 습관에 끌리거나 하여 악은 버리고 선은 취하는 실행이 없는 까닭 (…중략…) 우리는 정의어든 기어이 취하고 불의어든 기어이 버리는 실행 공부를 하여, 싫어하는 고해는 피하고 바라는 낙원을 맞아 오자는 것이니라."

싫어하는 고해를 피하고, 좋아하는 낙원도 맞이하려면, 이 작업취사의 실행 공부가 꼭 필요하다. 소태산은 고락의 설명에서도 이 부분을 자세히 밝히고 있다.

> "대범, 사람이 세상에 나면 싫어하는 것과 좋아하는 것 두 가지가 있으니, 하나는 괴로운 고요 둘은 즐거운 낙이라, 고에도 우연한 고가 있고 사람이 지어서 받는 고가 있으며, 낙에도 우연한 낙이 있고 사람이 지어서 받는 낙이 있는바, 고는 사람사람이 다 싫어하고 낙은 사람사람이 다 좋아하나니라. 그러나 고락의 원인을 생각하여 보는 사람은 적은지라, 이 고가 영원한 고가 될는지 고가 변하여 낙이 될는지 낙이라도 영원한 낙이 될는지 낙이 변하여 고가 될는지 생각 없이 살지마는 우리는 정당한 고락과 부정당한 고락을 자상히 알아서 정당한 고락으로 무궁한 세월을 한결같이 지내며, 부정당한 고락은 영원히 오지 아니하도록 행·주·좌·와·어·묵·동·정간에 응용하는 데 온전한 생각으로 취사하기

를 주의할 것이니라."

-『정전』「고락에 대한 법문」

고락은 인간 사회에 언제나 있었다. 다만 생사윤회를 괴로움으로 자각하는 일은 쉽지 않다. 괴로움과 즐거움이 돌고 도는 과정에서 보통 사람이 괴로움의 근원을 자각하기란 매우 어려운 일이다. 괴로움의 근본에는 무지(무명)가 있다. 무지는 특히 자아에 관한 잘못된 견해(인지적 오류)로부터 해소되지 않는 정서적 결핍(갈애)과 자신만을 위하려는 이기적 행동으로 이어져서 수많은 업을 짓는다. 그 결과를 받는 우리는 괴로움의 굴레에서 벗어나지 못하고 살아간다. 소태산은 현실적인 고락을 모두 거부하지는 않았다. 부당한 고락에서는 단호히 벗어나지만, 정당한 고락은 기꺼이 수용했다. 정당한 고락은 취하고 부정당한 고락은 버리는 취사가 필요하다. 소태산은 '낙을 버리고 고로 들어가는 원인'을 「고락에 대한 법문」에 다음과 같이 밝혔다.

> 1) 고락의 근원을 알지 못함이요,
> 2) 가령 안다 할지라도 실행이 없는 연고요,
> 3) 보는 대로 듣는 대로 생각나는 대로 자행자
>   지로 육신과 정신을 아무 예산 없이 양성하

여 철석같이 굳은 연고요,

4) 육신과 정신을 법으로 질박아서 나쁜 습관을
제거하고 정당한 법으로 단련하여 기질 변
화가 분명히 되기까지 공부를 완전히 아니
한 연고요,

5) 응용하는 가운데 수고 없이 속히 하고자 함
이니라.

고락의 원인을 알지 못함, 실행이 없음, 철석같이 굳은 습관 여
기에 기질 변화가 완전히 될 때까지 공부하지 않음, 그리고 조
속히 이루려는 욕속심(慾速心) 등 소태산이 낙을 버리고 고로
들어가는 원인으로 분석한 것들은 일상에서 공부하는 수행자
라면 경청하고 경계해야 한다.

판이(判異)한 인격을 가진 사람들은 대부분 이렇게 자신
의 기질을 변화시키는 단련의 과정을 반드시 거친다. 아는 것
만 가지고는 자신의 변화를 이끌지 못한다. 실행이 있어야 변
화한다. 그리고 그 변화가 완전히 이루어질 때까지 정성을 다
하지 않으면 다시 원래의 모습으로 되돌아가 버리는 경우가
많다. 하나의 습관도 한 번 두 번 하다보면 나중에는 내면화되
고 인격화된다. 그래서 인격화된 습관이 무의식적 기질로 나
타나게 된다. 그러므로 우리가 공부를 할 때도 기질의 변화까

지 가려면 그 원인을 잘 알고 그 실행 방법도 잘 알아야겠지만, 무엇보다 무의식까지 정화되도록 정성을 다해야 한다. 그러니 소태산이 「솔성요론(率性要論)」에서 "정당한 일이거든 아무리 하기 싫어도 죽기로써 할 것이요, 부당한 일이거든 아무리 하고 싶어도 죽기로써 아니할 것이요"라고 강조한 것은 결코 지나친 일이 아니다. 그렇게까지 공부가 되었을 때, 비로소 싫어하는 고해에서 벗어나 좋아하는 낙원에 이를 수 있다.

천여래(千如來) 만보살(萬菩薩)

앞으로는 '일여래 천보살(一如來千菩薩)'이 아닌 '천여래 만보살(千如來萬菩薩)' 시대라 했다. 소태산은 여래가 되는 공부 단계를 자세히 밝혔다. 소태산의 여래 만들기 프로젝트는, 크게는 불교라는 전통 가치에 근대라는 시대정신을 반영하여 새롭게 구상한 훈련 체계를 통해 제시된다. 구체적으로 불교 전통의 동선·하선 입선 전통에 근대 교육의 평가 체제를 접목하는 방식이다. 출가자(승가)를 중심으로 근본 깨달음에 집중하는 선원식 공부법과 과목·훈련·고시·등급 등 제도화된 교육 체제를 제공하는 근대식 공부법을 조화시킨 것이다.

소태산이 가장 중요하게 생각했던 일 중의 하나가 훈련이다. 1924년 6월 1일 불법연구회 창립총회를 마치고 곧 진안 만덕산에서 처음 선(禪) 훈련을 진행했다. 이듬해 1925년에는 '훈련법', '학력고시법', '학위등급법'이 제정됐다. '훈련법(訓練法)'은 공부와 수행의 체계라 할 수 있다. 훈련은 크게 정기(定期)와 상시(常時)로 이루어지는데, 정기는 여름과 겨울 3개월 기간을 말하며, 상시는 일상을 말한다. 그리고 '학력고시법(學力考試法)'은 훈련의 성적을 고시하는 법이다. 한편 '일기법(日記法)'을 제정하여 상시 공부를 점검하도록 했다. 그리고 이러한 공부의 결과, 혹은 공부의 단계에 제시한 것이 '학위등급법(學位等級法)'이다. 학위 등급은 이후 '법위등급(法位等級)'으로 정착되었다.

소태산은 익산에 회상을 공개하고 제자들의 마음공부와 영성 훈련에 전념했다. 1925년부터 매년 여름(하선)과 겨울(동선) 3개월 동안 훈련 진행을 쉬지 않았다. 원래 인도를 비롯한 남방불교 전통에서는 우기에 진행하는 하안거(夏安居)만 있었다. 우기에 유행(遊行, 여기저기 돌아다니며 수행함)하면 자칫 무의식중에 생명체를 죽일 수 있어서 일정한 수행 장소를 정해 집단 수행을 했다. 동아시아에 와서는 주로 여름은 덥고, 겨울은 추우니, 여름과 겨울에 각각 안거를 났다. 하선은 음력 4월 16일에 결제하여 7월 15일에 해제하고, 동선은 음력 10월 15일에 결제하여 다음 해 1월 15일에 해제한다.

소태산도 이러한 동하입선 체제를 수용했지만, 그 내용

이나 방식에서는 차이가 컸다. 출가자만이 아니라 일상생활을 해야 하는 재가자들이 함께 훈련을 할 수 있도록 농번기를 피해서 하선(夏禪)은 음력 5월 6일부터 8월 6일까지, 동선(冬禪)은 음력 11월 6일부터 이듬해 2월 6일까지 진행한다. 이렇게 동하 각 3개월씩 총 6개월을 정기훈련 기간으로 정했다. 소수의 출가자를 제외하고는 일상을 떠나서 수도만 하며 살 수 있는 이들은 많지 않다. 더 많은 사람들이 함께 공부할 수 있도록 훈련법을 개선해 수도와 생활을 연계하는 훈련 시스템을 구상한 것이다.

정기훈련의 경우, 3개월의 입선 과정을 보면 8시간 공부·8시간 취침·8시간 문답을 하도록 했다. 8시간 공부가 진행된 것을 보면, 실제 새벽 2시간 좌선, 아침 2시간 경전, 오후 2시간 일기, 저녁 2시간 염불·강연·회화 등이다. 낮에는 4시간 공부하고 남은 시간은 자유롭게 문답을 하거나 선비(禪費, 공부 비용) 마련을 위해 일을 했다. 아침, 저녁에는 공부를 위주로 하고 낮에는 일(사업)을 위주로 하는 방식이다. 실제 입선을 하려면 모두 선비를 마련해야 한다. 부득이 선비를 마련 못한 사람들은 자유 시간에 공동 작업을 통해 선비를 마련했다. 선비는 매년 책정되는데, 숙박이나 식사 여부를 상황에 따라 선택하는 등 다소 유연하게 진행되었다.

소태산의 장녀 박길선(법호 청타원)이 1929년 제9회 정기훈련[夏禪]에 참여하여 작성한 일기(그 일기가 '어머니의 일기장'으로 전함)를 보면, 쉬는 시간에 집안일을 도왔던 이야기(별첨2 참조)가 나온다. 당시 입선 중 오전에는 경전 과목, 오후에는 일기 과목을 진행했는데, 정오에 어머니가 빨래 풀을 먹이는 일을 좀 하라고 했다. 하지만 그날은 일기를 미리 기재하지 못했으니, 다음날 하겠다고 얘기하고는 선원에 와서 경전 마치고 일기를 기재하는 중에 어머니가 집에서 찾았다. "일기발표를 해야 해서, 어머니께 미리 말씀드리지 않았느냐"고 했더니 "공부하는 사람은 밥도 먹지 않고 공부하느냐"라고 대꾸한 어머니는 당연히 딸이 집에 올 것으로 생각했던 모양이다. 그래서 빨래를 해서 널고 언제 일기를 쓸까 하는 마음에 진심(瞋心)이 났지만, 식사까지 마치고 돌아와서 급하게 일기를 기재하고 발표를 잘 마쳤다는 이야기이다.

이 내용을 보면, 일상에서 어떻게 공부했는지 그 분위기를 짐작케 한다. 특히 입선 기간에도 일상의 일을 함께 할 수 있었다는 점은 주목할 필요가 있다. 원래는 입선 중에는 큰일[大關事]이 아니면 서신 내왕이나 본가(本家) 출입을 금지하고 있다(『불법연구회규약』). 하지만 당시 박길선은 모친인 양하운과 익산 본관 내에 거주하고 있었다. 그래서 쉬는 시간을 이용해 집안일을 도왔던 것이다. 소태산의 정기훈련은 산중이나 숲속의 한적한 곳에 들어가서 깊은 수행을 하는 방식이 아니었다. 익산이든 영광이든 대부분의 선원이 그 공동체의 건물 중 가장 적합한 곳, 혹은 해당 지역의 교당(회관)이 곧 선원이었다.

정기훈련은 정해진 과목에서 불법과 그것을 수행하는 방법 등에 관한 전문 훈련을 받지만, 그 목적은 상시훈련과 연계하여 배운 내용을 실생활에서 잘 활용하자는 취지가 강했다. 그러므로 훈련 장소도 방식도 공부(수도)와 생활이 연계되도록 했다. 흔히 생각하는 무문관(無門關) 수련처럼 외부와 단절하고 공부(수행)만 전념하는 방식이 아니라, 학교에서 공부 시간을 정하여 공부하듯 훈련했다. 하루에도 아침, 저녁에는 좌선이나 염불 등 정신수양을 위주로 하고, 낮에는 경전을 통해 공부의 방향과 그 방법을 배우고, 일기를 통해 일상에서 얻은 감각과 감상, 심신 작용의 처리 등을 기재하고 공부했다.

경전은 일과 이치를 담은 것이다. 종이 경전을 통해 공부의 길을 잡고, 실제 경계에서 펼쳐진 '산 경전'을 일기에 담는 것이다. 경전을 통해 배운 것을 일상에서 실천해보고 그 결과 얻은 소득을 일기에 기재하고 문답과 감정을 받는다. 저녁에는 글을 모르거나 연세가 있는 이들이 염불반에서 염불을 위주로 훈련했다. 반면 글을 익혔거나 젊은 사람들은 주로 강연과 회화를 통해 지견을 교환하고 혜두를 단련하도록 했다. 이렇게 공부한 내용은 동선과 하선을 해제할 때, 그 훈련 성적을 '전문훈련성적표'로 작성해 학력을 고시했고 이를 통해 각자의 훈련 성적이나 공부의 정도를 알 수 있게 했다.

훈련원(선원)에서는 지도인의 지도를 받으면 도반들과 함께 공부하므로 '서로서로' 훈련이 된다. 하지만, 일상에 와서는 '스스로' 훈련이 되어야 하므로 공부를 지속하기가 쉽지 않다. 그러므로 일상에 돌아와서 공부를 지속할 수 있도록 『정전』수행편 제1장에 「일상수행의 요법」을 제시했다.

1. 심지(心地)는 원래 요란함이 없건마는 경계를 따라 있어지나니, 그 요란함을 없게 하는 것으로써 자성(自性)의 정(定)을 세우자.

2. 심지는 원래 어리석음이 없건마는 경계를 따라 있어지나니, 그 어리석음을 없게 하는 것으로써 자성의 혜(慧)를 세우자.

3. 심지는 원래 그름이 없건마는 경계를 따라 있어지나니, 그 그름을 없게 하는 것으로써 자성의 계(戒)를 세우자.

4. 신과 분과 의와 성으로써 불신과 탐욕과 나와 우를 제거하자.

5. 원망 생활을 감사 생활로 돌리자.

6. 타력 생활을 자력 생활로 돌리자.

7. 배울 줄 모르는 사람을 잘 배우는 사람으로

일원상(○), 통합과 활용의 길

돌리자.

8. 가르칠 줄 모르는 사람을 잘 가르치는 사람
   으로 돌리자.

9. 공익심 없는 사람을 공익심 있는 사람으로
   돌리자.

이상의 9가지 조항은 소태산이 교리강령으로 제정한 삼학
(1~3조), 팔조(4조), 사은(5조), 사요(6~9조)를 일상에서 다 실행
하도록 했다. 특히 삼학에 해당하는 1조, 2조, 3조는 우선 『육
조단경』에서 '자성삼학(自性三學)'이 제시된 심지(心地) 법문을
수용하되, 일상의 경계에서 닦는 '수상삼학(隨相三學)'을 함께
포함했다. 이를 '일원삼학(一圓三學)'이라 할 수 있다. 즉 심지
에는 원래 요란함도 어리석음도 그름도 없다는 점에서 자성을
떠나지 않음과 동시에 경계를 통해 나타난 '그 요란함', '그 어
리석음', '그 그름'을 없게 하는 공부를 닦아감으로써 본성(자
성)과 현상(경계)이 조화되도록 했다.

  팔조에 해당하는 4조는 믿음[信]과 분발[忿]과 의문[疑]과
정성[誠]으로써 불신(不信)과 탐욕(貪慾)과 나태[懶]와 우치[愚]
를 제거하자는 공부이다. 앞의 신분의성(信忿疑誠)은 무슨 일
을 이루고자 할 때, 꼭 필요한 만사성공의 필수덕목들이다.

  다음으로 사은에 해당하는 5조는 "원망 생활을 감사 생

활로 돌리자"이다. 인과보응하는 이치를 따라 상극의 관계를 상생의 관계로, 배은의 삶을 보은의 삶으로 원망 생활을 감사 생활로 돌리는 공부이다. 그리고 사요에 해당하는 6~9조는 자력 생활(6조)과 공익심 있는 사람(9조)은 공동체에서 중요한 자력양성과 공익(공도)정신이 양축이 되고, 잘 배우는 사람(7조)과 잘 가르치는 사람(8조)을 통해 함께 평등한 세계를 만들어가는 공부라 할 수 있다.

이 「일상수행의 요법」은 원불교의 법회에서 늘 암송한다. 『대종경』 수행품 1장에서는 「일상수행의 요법」을 외우는 것은, "그 뜻을 새겨서 마음에 대조하라는 것"이라며 "대체로는 날에 한 번씩 대조하고 세밀히는 경계를 대할 때마다 잘 살피라는 것"이라고 했다. 소태산은 위의 9개 조항을 "대조하고 또 대조하며 챙기고 또 챙겨서 필경은 챙기지 아니하여도 저절로 되어지는 경지에까지 도달하라"고 당부하면서, 각 단(團)에서 단장의 지도를 받으며 공부를 지속하도록 했다.

공부의 지속에는 상시 공부를 위해 제정한 일기법이 큰 역할을 했다. 처음에는 '단원일기조사법'이라고 해서 단원으로서 매주 단장에게 일기를 제출해 일상 속 훈련을 점검받으며 훈련을 이어갈 수 있게 했다. 단원은 매일 일기를 기재하고, 단장은 매월 단원의 일기를 점검하는 방식으로 상시에도 공부와 사업을 지속하도록 독려했다.

소태산은 상시일기를 통해 실행조목을 잊지 않고 챙기도록 하는 유념·무념의 공부를 하도록 했고, 학습 상황 등을 점검하도록 했다. 상시훈련의 주요 내용은 「상시 응용 주의사항 6조」로 제시되는데, 새벽이나 저녁에 남는 시간이 있으면 좌선과 염불하기를 주의하고(5조), 낮에도 여유시간이 있으면 경전이나 법규 연습하기를 주의하며(3조), 경전·법규 연습을 대강 마친 사람은 의두 연마하기를 주의하고(4조), 실제 경계를 대할 때는 온전한 생각으로 취사하기를 주의한다(1조). 실행전에는 미리 연마하기를 주의하고(2조), 일을 마쳤을 때는 그 실행 결과를 대조하기를 주의한다(6조). 특히 실행할 일이 있을 때는, 준비(2조)→실행(1조)→반조(6조)로 진행한다. 이렇게 '상시 응용 주의사항'을 토대로 수련한 상시공부를 일기장에 기재하여 지도인(교무나 단장)에게 문답도 하고 감정도 받는 것이다. 그리고 그렇게 지도받은 내용을 다시 실생활에 활용하도록 했다.

승가의 전통에서도 여름 안거를 마치면 자자(自恣)를 열고 안거 동안 있었던 자신의 허물을 되돌아봤다. 이때는 상대방의 허물을 대중 앞에 지적하면, 그렇게 지적을 받은 이는 지적한 자의 뜻에 따라 참회를 한다. 안거를 마치고 유행하는 동안에는 포살(布薩)을 하는데, 포살을 할 때는 포살에 참여한 모두가 각자 지닌 계문의 범계 여부를 반복해서 묻고 스스로 잘

못을 드러내서 참회하는 것이다. 각자의 수행 정도를 점검하는 한 방식으로써 유사한 면이 없지 않지만, 자자와 포살은 출가자 중심으로 진행된 것이며, 각자의 범계 여부를 성찰하고 참회하는 과정이었다.

소태산은 정기(定期)훈련에서 얻은 삼학 공부의 성적을 '학력고시' 함으로써 상시공부의 자료로 활용하게 했다. 상시(常時)훈련에서 얻은 일상수행의 성적은 '일기법'을 통해 정리하여 지도인에게 문답하고 감정받아 정기공부의 자료로 활용케 했다. 이처럼 정기훈련과 상시훈련으로 공부하고, 학력고시법와 일기법을 통해서 점검하면, 그 결과는 학위 등급(후에 법위 등급)으로 연계된다. 소태산은 공부인의 수행 정도에 따라 여섯 가지 등급의 법위를 뒀는데, 『정전』 법위등급에 따르면 '보통급(普通級), 특신급(特信級), 법마상전급(法魔相戰級), 법강항마위(法强降魔位), 출가위(出家位), 대각여래위(大覺如來位)'이다. 여기에는 계문이 있는 3급과 계문이 따로 없는 3위로 이루어져 있다. 그 내용을 보면 아래와 같다.

먼저 세 가지 범부의 등급을 살펴보자. 1) 보통급은 이제 막 정법에 귀의해 영적 여정을 시작한 이들이다. 불지를 향해 첫 발을 내딛는 급(불지출발)으로 정법(진리)을 향해 마음공부를 시작한 이와 그렇지 않은 이와의 차이가 있다. 2) 특신급은 정법에 대한 신앙의 뿌리가 내린 이들로 몸과 마음이 정법에 귀의한 단계(심신귀의)를 말한다. 여기서 신심이라고 하지 않고 '특별한 신심'이라고 한 것은 특신급이 진리 추구나 중생 제도와 같은 큰 서원을 낸 사람의 법위이기 때문이다. 특신급부터는 붓다, 예수, 무함마드 등 모든 성자와 함께 손을 잡고 가는 자리이다. 정법(진리)에 대한 신앙의 뿌리가 내린 이와 그렇지 못한 이의 차이가 크다. 3) 법마상전급은 말 그대로 법과 마가 싸우는 단계로서 몸과 마음이 매우 고전을 면치 못하는 단계(심신고전)라고 할 수 있다. 이때는 법(法)과 마(魔)를 일일이 분석할 줄 알며, 어떤 경계가 오더라도 내 안의 사심을 제거하는 재미로 경계 속에서 속 깊은 마음공부를 진행한다. 이때는 마음을 세밀히 관찰하는 공부를 해야 하며, 마(ego)가 숨지 못하게 해야 한다. 마는 끊임없이 자신을 스스로 합리화하고 '척'하기 때문에 스스로 마를 보기가 힘들다. 오히려 자신이 자신을 속이는 경우가 많다. 그러므로 눈 밝은 스승이나 도반에게 이실직고해서 일일이 문답 감정을 받으며, 속 깊은 공부를 해야 한다. 법과 마를 알고 공부하는 이와 그렇지 못하는 이의 차이는 사뭇 크다.

다음으로 세 가지 성자의 법위를 살펴보자. 4) 법강항마위부터는 첫 성위에 오른 것이라 할 수 있다. 아라한의 경지라고도 볼 수 있다. 육근을 통한 심신 작용이 모두 법에 어긋나지 않으므로, 육근을 응용해 마를 상대할 때 법이 백전백승(심신

조복)하게 된다. 항마하고 견성한 이와 그렇지 못한 이는 질적으로 큰 차이가 있다. 5) 출가위는 보살의 경지, 물러섬이 없는 불퇴전의 경지라고 볼 수 있다. 우주가 한 집안[十方一家]이고 사생이 한 몸[四生一身]이 되는 단계(심신출가)이다. 자기만을 구제하는 이와 국한 없이 일체 생명을 구제하는 이의 차이가 크다. 6) 끝으로 대각여래위는 말 그대로 여래의 경지이다. 심신의 자유를 얻어 대자대비로 만능(萬能)과 만지(萬智)와 만덕(萬德)을 두루 갖춘 자리(심신자유)이다. 천만 방편을 자유자재로 활용해 중생을 제도하는데, 제도의 흔적이 없으므로 중생이 그 방편을 알지 못하게 하는 경지이다.

영적 여정에서 볼 때, 각자의 공부와 수행이 어느 정도인지를 가늠할 수 있는 기준이 필요하다. 소태산은 이를 법위등급을 통해서 자세히 밝혔다. 불문에 귀의하여 불지를 향해 첫발을 내디디면 '보통급'이고, 정법에 대한 믿음을 발하여 진리와 법과 스승과 회상에 심신을 귀의하면 '특신급'이며, 다음은 심신이 고전하는 단계로서 법과 마를 구분하여 속 깊은 마음공부를 하면 '법마상전급'이다. 여기까지는 아직 성위에 오르지 못한 3급에 해당한다. 이어서 심신이 고전을 잘 이겨내서 심신의 조복을 받으면 '법강항마위'이고, 심신이 국한을 벗어나면 '출가위'이고, 심신의 자유를 얻어 무량방편을 통해 중생을 제도하면 '대각여래위'이다. 소태산이 이 법위등급이라는 성불의 사다리를 제시한 이유를 되새겨 본다. 모든 인류가 보살이 되고, 여래가 되어 천여래 만보살이 이 세상에 출현하기 바라고 바랐던 것이다.

생활이 곧 불법이고 불법이 곧 생활이다.
일하면서 공부하고 공부하면서 일한다.

4장

수도와 생활이
둘 아닌 산 종교

수도와 일상이 둘이 아니다

소태산의 영적 여정은 대각 이전과 이후로 나눌 수 있다. 대각 이전에는 자기 문제를 해결해가는 성불의 과정이라면, 대각 이후로는 세상의 문제를 해결해가는 제중의 과정이다. 대각 이후의 행적 중 첫 번째 했던 일이 아홉 제자를 선발해 10인 1단으로 단을 조직한 일이었다. 이는 소태산이 구상한 회상의 첫 모습이기도 했다. 소태산은 일생의 포부와 경륜인 '제생의세'를 실현하는데, 최적의 모델을 10인 1단에서 찾았다. 한 사람이 아홉 사람의 공부와 사업만 지도하는 이 간이(簡易)한 조직을 통해 미래의 교단을 구상한 것이다. 영산에서는 일심합력의 결과로 간석지 개간(방언공사)에 성공하며 현실계[陽界]의 인증을 얻었고, 사무여한의 결과로 단원기도를 통한 진리계

[陰界]의 인증을 받았다. 이후 소태산과 제자들은 큰 자신감과 함께 큰 사명감을 지니게 되었다. 변산에서도 예비적인 단법의 시행이 있었지만, 익산에 와서는 본격적인 단 조직과 활동이 이루어졌다.

소태산은 단 조직과 훈련법을 통해 공부와 사업을 병행할 수 있는 조직의 근간을 마련했다. 그 연장선에서 불법연구회 공동체는 '수도와 생활이 둘이 아닌 산 종교'로서 면모를 갖추고자 백방으로 노력했다. 수도와 생활이 둘이 아니었음은 초창기 '전무출신(專務出身, 원불교 출가자를 통칭하는 표현)'들의 활동이 증명한다. 영산에서 숯장사를 했듯 익산에서는 엿장사를 했고, 동양척식회사로부터 송학리 혹은 만석리 땅을 빌려 소작도 했다. 낮에는 생활과 공부 비용 마련을 위해 일하고, 아침저녁으로는 좌선과 염불 등 공부와 훈련을 쉬지 않았다. 『월말통신』에는 당시 초창기 주경야독하던 모습이 '특별고(特別告)'라는 제목으로 실렸다.

> "열염(熱炎) 한상(寒霜)을 초개같이 보며 조천월석(朝天月夕)을 백주(白晝)같이 쉬지 않고 주경야독을 계속하여 전만고(前萬古) 후만고(後萬苦)에 획시기적(劃時期的) 대도덕(大道德)을 창건(創建)하고 그 주인이 되려는 자, 금강원(金剛院) 농

업단원이 아니고 누구이랴? 피 끓는 용기가 바야흐로 기르려 할 때, 속세의 단맛(甘味)을 알을 낙 말을낙 할 때 부모를 여의고 처자를 여의고 고향을 여의고 금강원 일우(一隅)에서 신고(辛苦)의 생활을 계속하면서도 그 마음속은 철주의 도근(道根)이 점점 굳어지며 그 얼굴은 춘풍의 화기가 사시를 통(通)하야 넘쳐흐르나니 이것이 안빈과 낙도가 아니며 대도덕의 주인될 재격(材格)이 아니랴? 괴로운 가운데 낙(樂)되는 이치와 낙(樂) 가운데 고(苦) 오는 이치를 알고서 실행하여 구루마를 끌고 똥통을 지고 지게를 지고 품을 팔고 하되 조금도 주저와 염색(厭色)이 없이 시종 여일히 활동하나니 알고 보면 낙(樂)을 한정 없이 갈고리질 하는 무서운 인물들이라 아니할 수 없도다."

-『월말통신』제20호

전무출신 못지않게 수도와 일상이 둘이 아니었던 사람들이 있었다. '거진출진(居塵出塵)'은 재가교도 중 공부와 사업이 전무출신과 대등한 사람을 말하는데, 전무출신 못지않게 회상 창립에 헌신하면서도 개인의 처지나 발원에 의해 출가 대신

재가로 참여했던 이들이다. 뿐만 아니라 거진출진도 10년 간 꾸준히 공부와 사업을 하게 되면, 전무출신으로 인정해주도록 했다. 실제 재가로서 본부(익산)와 지부(영광, 경성 등)에서 중요한 역할을 하다가 가정에 대한 의무와 책임에서 자유로워지면, 전무출신 하는 경우가 종종 있었다.

그러므로 출가와 재가의 신분상 구분이 엄격했다기보다는 처지와 발원에 따라 유연하게 운영했다. 『예전』에 실린 「거진출진전 고축문」을 보면, 거진출진은 "진흙 속의 연화요 세간의 보살로서 몸은 비록 진세에 처하였으나 정신은 항상 법계에 자재하시고 생활은 비록 한 가정에 있었으나 사업은 매양 공도에 나타내시와 영원한 세상에 이 회상의 주인이 되셨사오니"라고 했다. 소태산의 회상에서는 재가와 출가가 공부나 사업할 때, 이를 평가하여 법위를 사정(査定)할 때, 그리고 법계(法系)의 계통을 정할 때 등 모든 분야에서 차별을 두지 않았다. 재가든 출가든 함께 공부하고 함께 사업하며, 다 함께 부처 되고 여래 되는 회상을 지향한 것이다.

소태산은 왜 이렇게 단 조직과 활동에 정성을 다했을까? 붓다가 승가를 통해 법륜을 굴렸듯이, 소태산은 이 단(團)을 통해 그의 뜻을 펼치고자 했다. 단은 출가만의 조직도 재가만의 조직도 아니었다. 누구든 앞으로 공부와 사업을 위해 참여해야 할 최소의 조직이었다. 소태산은 이 단을 통해 일상에서 공부와 사업, 수도와 생활을 매개했다. 그리고 단은 회상 운영의 구심체이자 실행체가 되게 했다.

먼저 단은 상시(일상) 공부의 최소 단위이다. 소태산은 상시훈련법을 제정하여 교무부(교당)에 와서 지난 일을 일일이 문답하고, 감각된 바를 제출해 지도인의 감정을 받도록 했고, 의심된 바는 지도인의 해오를 얻도록 했다. 불법연구회의 주무부서가 '교무부'였는데, 교무부의 업무를 담당하는 이들을 '교무(教務)'라 했다. 익산 본관에 교무부를 두었고, 선원과 지부에도 교무가 파견됐다. 단에서는 단장이 교무의 역할을 대행했다.

상시공부를 '재가선법'이라고도 불렀다. 선방에 입선하지 못했다 하더라도 일상에서 공부를 놓지 않도록 했다. 정기훈련에서 배운 내용을 일상의 경계 속에서 실제 실행해본다. 그 실행 과정에서 공부한 바를 지도인(교무)에게 문답하고 감정을 받아서 각자의 부족한 부분을 되돌아보고, 이를 다음 정기훈련의 공부 자료로 삼는다. 이렇게 정시(靜時)와 동시(動時)를 오고가면서 간단이 없는 공부가 이루어질 수 있었다. 소태산은 이러한 취지를 담아 '동정간불리선(動靜間不離禪)'인 「무시선법(無時禪法)」을 제시했는데, '언제나 공부[無時禪]'하고 '어디서나 공부[無處禪]' 한다는 취지이다. 이처럼 단을 통해서 일상생활과 마음공부를 병행하고자 했다.

인재양성단 양잠실 공동작업 모습(1936년 6월)

수도와 생활이 둘 아닌 산 종교

단은 사업의 주체이기도 했다. 각 단마다 사업목표를 정하고 단원들이 그 일에 합력했다. 단이 조직되면, 각 단마다 사업목표를 정했다. 불법연구회 창립 초기에는 의견 제출로 제기된 농업부 창립사업이나 인재양성소 창립사업 등에 각 단별로 혹은 개인별로 참여했다. 앞서 불법연구회 창립(1924)과 함께 채택된 『불법연구회규약』에는 7부서 체제가 제시됐다. 하지만 그 중 농업부가 제대로 창설되지 못하자, 농업부 창립에 관한 의견(제안자 송만경)이 제안됐고 채택됐다. 또한 당시는 인재양성이 절실한 시점이었기에 이를 지원할 인재양성소(人材養成所) 창립에 대한 의견안(제안자 송도성)도 채택됐다. 이후 이 두 기관의 창립사업에 각 단이 연합(농업부 창립연합단, 인재양성소 창립연합단)해서 이후 농업부는 산업부로, 인재양성소는 육영부로 창립하는 결실을 맺었다.

불법연구회 창립 이후에 산업부원들을 비롯하여 많은 이들이 낮에는 맡은 바 일에 충실하고 저녁에는 야회(野會)를 열어 공부했다. 삼육일(三六日, 6, 16, 26일)로 10일에 한 번씩 열리는 예회(例會)에는 모든 회원들이 모여서 오전에는 주로 경전, 강연, 회화, 그리고 법설을 들었다. 오후에는 단회를 통해 단의 규약 등을 공부하고, 의견안을 제출하고 심의했으며, 단원들의 일기를 점검하는 등 상시공부를 지속했다. 그리고 여름과 겨울 6개월은 입선비를 마련해 선원에 입선했다. 이처럼

제35회 동선 입선인 기념사진(1943년 1월 18일 대각전 앞)

수도와 생활이 둘 아닌 산 종교

예회와 입선을 통해 공부를 놓치 않되, 각자의 맡은 바 일터에서도 회상 창립을 위해 공도에 헌신했다.

소태산은 불법연구회의 모든 회원들이 '산 부처'임을 강조했다. 어느 날 종교시찰단이 불법연구회를 방문해 '귀교의 부처는 어디에 있는가?'라고 묻자, '잠시 기다리시면 곧 볼 수 있다'라고 했다. 잠시 후 흙먼지를 뒤집어쓴 채 농기구를 메고 들어오던 산업부원들을 가리키며 저들이 '우리 집 부처님이시다'라고 했는데, 그 시찰단은 그 뜻을 제대로 알지 못했다고 『대종경』「성리품」29장은 전한다. 부처가 계신 곳이 법당인데, 일터에서 돌아오는 산업부원이 곧 '산 부처'이니, 불법연구회는 그대로 부처님 도량이 되었고, 회원들이 가는 곳마다 모두 법당으로 화하게 되었다.

이처럼 소태산은 앞으로 새 세상의 종교는 '수도와 생활이 둘이 아닌 산 종교라야 한다'고 했으며, 영과 육을 쌍전하여 개인, 가정, 사회, 국가에 도움이 되도록 해야 한다고 했다 (『정전』「영육쌍전법」).

마지막으로 단은 회상의 최소 운영 단위이다. 단회에서 의견안을 제안하고, 단회에서 결정하고, 단원들이 사업목표를 정해서 실행했다. 단 조직을 '교육통일 기관'이라고도 부르기도 했으며, '통치기관'이라고도 불렀다. 통치(統治)라는 말은 도맡아 다스린다는 뜻이다. 소태산은 단을 통해 공부와 사업도 하지만 단을 통해 불법연구회를 다스리고자 했는데, 이를 '이단치회(以團治會)'라고 했다.

　　이를 위해 1926년부터는 단회를 통해 모든 단원들이 의사결정에 참여할 수 있는 의견제출 제도를 실시했다. 이는 공부나 사업이나 생활의 세 방면으로 의견안을 작성해서 단회에 제출하면, 단회에서는 이 안건을 논의해 채택 여부를 결정하는 방식이다. 일단 채택된 의견안은 이후 불법연구회의 세칙이 되거나 총회 등을 거치면서 중점사업이 되기도 했다. 그리고 감찰기관을 두어서 그 의견의 실행 여부를 확인했다.

　　『불법연구회규약』에 따르면, 당시 주요 회의로는 정기총회, 평의원회와 함께 월례회가 있었다. 총회와 평의원회가 대의제 방식이라면, 월례회는 전 구성원이 참여하는 방식인데, 기존 대의제와는 차이점이 있었다. 이 월례회에서 매월 6일은 단원회로 진행됐다. 이처럼 소태산은 회상의 운영에 단을 적극적으로 활용해 '공화제도(共和制度)'를 실현하고자 했다.

　　일단 단회에 제출된 의견은 상위단으로 전달됐고, 최종에는 수위단(首位團)에서 최종 의결을 하도록 했다. 그 의결사항은 다시 이하 단에 전달되고 단은 자발적으로 최종 의결사항의 실행에 합력했다. 이로써 하의상달(下意上達)과 상의하달(上意下達)의 상하 소통과 협력 방식의 의사결정 구조가 체계화 된다. 이러한 단의 조직이나 운영을 통합적으로 규정한 것이 『불법연구회통치조단규약』(1931)이다. 이 『통치조단규약』에는 본회의 단 조직이나 운영에 관한 원칙과 함께 상시에 단원들의 공부와 사업을 점검하도록 단원일기조사법 등을 상세히 밝힌 세칙을 두었다.

　　이처럼 정법회상을 구현하겠다는 소태산의 구상에서 단(團)은 뺄 수 없는 핵심요소이다. 단은 일상에서 함께 공부하고 사업하는 최소 단위이며, 회상 운영에 직접 참여하는 통치의 공간이었다. 소태산은 제생의세의 경륜실현을 위해서 불법연구회를 만들고 공동체를 운영하는데 이 단을 핵심조직으로 활용했다.

여성 제자들의 활동

소태산은 일찍부터 남녀권리동일을 주장했다. 앞으로 가정에서나 사회에서나 여자들도 남자들과 동일한 권리를 가지며, 또한 그 의무와 책임도 함께 할 수 있도록 실력을 갖추도록 했다. 자력양성의 조목에도 "여자들도 인류사회에 활동할 만한 교육을 남자와 같이 받을 것"이라고 명시했는데, 실제 교육과 훈련, 지도인의 역할이나 제도적인 측면에 이르기까지 여자들이 차별받지 않도록 했다.

　앞서 『불법연구회통치조단규약』(1931, 이하 『통치조단규약』)에서 언급한 것처럼 단의 최상위단인 정수위단을 조직할 때에도 남녀 각단으로 동등하게 구성했다. 이에 따라 4월 26일 여자수위단을 시보단(試補團)으로 내정하고 단원기도를 진행했다. 이는 1917년 남자수위단의 단원기도 예를 따른 것이다. 하지만 정확한 이유를 알 수 없지만, 겨울이 되어서 기도를 중단시켰다. 아마도 당시 여자 정수위단으로 내정된 자들이 일부 연로하였다는 점, 그리고 아직 그들을 대리할만한 젊은 여자 인재들이 부족하다는 점 등의 이유로 정식 발족을 보류한 것은 아닌가 생각한다. 그러다가 열반을 앞 둔 1943년 4월에서야 소태산은 5명의 대리단원을 포함한 여자수위단의 명단을 발표했으며, 소태산 사후인 1945년 1월 25일 제1회 여자수위단 조직을 정식 발족했다. 이로부터 남녀 동수의 수위단 제도가 원불교 조직에 안착됐고 지금까지 운영되고 있다. 현재 정수위단은 남자단 여자단 각각 9인의 단원으로 구성되며, 전체 단의 최상위단과 원불교의 최고의결기관 역할을 겸하고 있다.

소태산은 이미 『통치조단규약』에 그 원칙을 밝혔고, 1941년 개정된 『불법연구회규약』(이 규약을 불법연구회의 마지막 규약이라 하여 최종 『회규』라 함)에도 남녀 각 9인의 수위단원과 단장 1인으로 수위단회를 조직한다고 명시했다. 이에 따라 창립 과정에서 공로가 큰 9인을 선정해 연장자부터 차례로 법호와 명단을 공개한 것이다. 이때는 연로해 현직 활동을 못한 이들을 대신할 대리단원까지 함께 명시• 했다.

남자의 법호가 '산'으로 끝나듯이, 여자의 법호는 '타원'

으로 끝난다. '타원(陀圓)'은 우뚝 솟아오른 산에 비해 원만하고 부드러운 언덕을 의미한다. 이 가운데 일타원 박사시화, 이타원 장적조, 삼타원 최도화는 '불법연구회 3대 여걸'로 불렸다. 당시 불법연구회의 회원들은 이들 3인을 연원(淵源)으로 한 경우가 많았다. 박사시화는 주로 경성 지역 교화를 담당했는데, 박사시화를 인도한 최도화는 주로 전북 지역을 교화했다. 장적조는 부산 지역과 멀리 만주까지 교화를 나갔다. 그녀는 한때 전무출신 했던 아들 박노신이 결혼 후 해운업을 하다가 함경도 청진에 자리를 잡자 아들이 있는 청진을 거쳐서 1937년에는 만주까지 진출했다. 이후 중국 길림성 목단(牡丹)을 거점으로 심양, 길림, 장춘, 연길, 도문 등 만주 일대를 두루 교화했고, 행상(行商)을 하던 양은법화 등의 도움으로 해방 전까지 218명을 입회시켰다(박용덕, 2022b). 한 마디로 장적조는 불법연구회 북방교화의 첫 개척자라 할 수 있다.

사타원 이원화는 앞에서 언급했듯이 소태산의 구도 과

● 단장 소태산, 건방(乾方) 일타원 박사시화(一陀圓 朴四時華, 대리 金永信), 감방(坎方) 이타원 장적조(二陀圓 張寂照, 대리 曺專權), 간방(艮方) 삼타원 최도화(三陀圓 崔道華, 대리 曺一貫), 진방(震方) 사타원 이원화(四陀圓 李願華, 대리 徐大仁), 손방(巽方) 오타원 이청춘(五陀圓 李靑春, 대리 吳宗泰), 이방(离方) 육타원 이동진화(六陀圓 李東震華), 곤방(坤方) 칠타원 정세월(七陀圓 鄭世月), 태방(兌方) 팔타원 황정신행(八陀圓 黃淨信行), 중앙 구타원 이공주(九陀圓 李共珠).

일타원 박사시화   이타원 장적조   삼타원 최도화

사타원 이원화   오타원 이청춘   육타원 이동진화

칠타원 정세월   팔타원 황정신행   구타원 이공주

정에서 큰 후원자로 이후에 영산지부 교화에도 큰 역할을 했다. 다음으로 오타원 이청춘은 전주 기생 출신인데, 불법연구회 창립발기인 7인 중 유일한 여성참가자였다. 그녀는 전주지부 창립은 물론 직접 교무로서 교화를 담당하기도 했다. 그녀는 불법연구회에 입회하면서 '전주 기생 화춘이 불법연구회의 청춘이 되었다'고 했다. 그는 1929년 신년을 맞이하여 "앞날의 화춘(化春)은 화춘으로서 만물조락(萬物凋落)하는 엄동(嚴冬)을 당하면 변함이 있으련만 오늘의 청춘(靑春)만은 봄이 와도 청춘이요, 여름이 와도 청춘이요 가을이 와도 청춘이요 겨울이 와도 청춘이요, 사시청춘(四時靑春) 내가 되며 10년이 가도 청춘이요 백년이 가도 청춘이요, 천년만년이 가더라도 오직 청춘은 청춘으로 일관하리라(『월말통신』 22호, 1929년 12월호)"라고 다짐하는 글을 발표하기도 했다.

또한 이청춘은 1929년 6월 16일 단회에서 제11회 보통단 단장으로서 '전무출신 여자 수용의 건'으로 의견안을 제출했는데, 그 내용을 보면 다음과 같다.

"조선의 여성은 재래부터 남성들의 지휘 하에 살아왔음은 새삼스러이 논설할 필요가 없으나 특히 본회에 가입한 모든 여성들은 이 구속을 떠나 자유스러운 몸으로 자유스러운 환경 속에서 자유적 생활을 하여보려고 공부와 사업을 하지 않습니까. 우리의 주의가 단순히 남자를 상대로 자유를 취하고 동권(同權)을 원하는 대만 국한한 것은 아니나 우리 여성으로서 등한하기 어려운 것이 자유동권(自由同權)의 문제들입니다. … 본인의 우견(愚見)에는 여성계에도 실행단원이 없는 바가 아니며 전무출신할 자격이 없는 바가 아니지마는 자못 어떠한 방법으로 어떠한 기관을 펼쳐서 여자로서도 본관에 살을 만한 모략(謀略)을 내는 자 없음으로 감히 그만한 생각이라도 가지지 못하였다고 생각합니다. 그럼으로 지금부터 3개년을 기간으로 여자전무출신 지원자를 모집하여 각자의 출자금과 인원수가 공동 생활할 정도에 당할 시는 남자들과 같이 직접 본관에 거주하면서 공부와 사업에 전문하난 것이 본회 사업상으로나 여자동권 상으로나 큰 보조와 본거(本據)가 될 줄로 압니다. 모사(某事)를 물론하고 계획과 이상만으로는 성취키 어려운 바이니 이 의견을 만일 채용케 하신다면 지금부터 발기인을 규합하야 전무출신 지원자의 신입(申込)을 수리(受理)하

는 동시에 수용에 관한 준비로 취지 급 규약을
제정하며 각 신입자에 한하여는 출자금을 수취
하여 공고한 계획을 수립함이 가할 듯합니다.
생활의 방도는 여성들의 본능(本能)한 식사부와
세탁부를 영위(營爲)하거나 그 외 상원(桑園)을
인수하여 양잠을 하거나 가급적 합력의 작농을
하면 충분할 듯합니다. 그래야만 우리 여자들도
비로소 동권생활(同權生活)을 할 수 있으며 주인
이 될 줄 압니다."

-『월말통신』 16호(1929년 6월호)

이후 이 의견안은 '조건부 보류'였다가 이청춘이 계획한 대로
3년째인 1932년에는 정식으로 시행됐다. 당시에는 조전권(曺
專權)과 김영신(金永信) 등 젊은 여성들이 전무출신을 위해 익
산 본관에 와 있었다. 앞서 소태산이 이원화를 '여성전무출신
제1호'라고까지 격려한 바도 있었는데, 실제 여성전무출신의
공동생활이 공식 수용된 데에는 이청춘의 의견이 중요한 역
할을 했음을 알 수 있다.

실제 여성출가자의 수용은 쉬운 결정이 아니었다. 이는
붓다 재세 시에 비구니 승가의 허용이 큰 이슈가 되었던 것과
비교될 수 있다. 일찍부터 석가족 여인들을 중심으로 비구니

승가에 대한 요구가 있었는데, 실제 비구니 승가의 성립은 비구 승가가 형성된 지 20여 년이 지난 시점에 아난다의 권유에 의한 것이었다. 하지만 여전히 걸식하고 유행하던 당시 승가의 관습상 비구니 승가는 많은 위험요소가 있었다. 승원에 거주하더라도 재가자의 지속적인 지원이 필요하므로 여러 가지 제약이 따랐다. 그렇다고 비구니의 수행이나 활동이 미비했던 것은 아니었다. 붓다 시기에도 뛰어난 비구니들의 기록들이 남아 있다. 『앙굿따라 니까야』에는 13명의 비구니가 소개되고 있으며(제14장 으뜸품), 『증일아함경』에는 30명이 넘는 비구니가 소개되고 있다(제5 비구니품). 승가생활의 제약은 적지 않았지만, 이때도 남녀 모두 아라한이 되는데 차별은 없었다(벽공, 2012).

하지만 이후 여성의 사회적 지위 하락과 함께 비구니 승가의 위상도 점차 저하됐다. 여기에 여성은 성불할 수 없다는 '여인오장설(女人五障說)'이나 성불하기 위해서는 남자로 태어나야 한다는 '변성남자설(變成男子說)' 등 승가 내에도 차별의식이 자리하게 됐다. 이후 인도에서는 점차 비구니 승가가 사라지게 되었다. 한동안은 동아시아에만 비구니 승가가 존속해왔으며, 동남아시아 비구니 승가는 파괴된 이후 오랫동안 복원되지 못한 채 방치되었다.

소태산은 일상생활 속에서 수도하는 공동체를 구상했기

에, 불법연구회의 경우 여성출가자들이 생활 방도를 직접 마련할 수 있는지 여부가 중요한 관건이 되었다. 당시 보통의 여성은 시집간다는 의미에서 '출가(出嫁)'가 가능하지만, 결혼도 하지 않고 집을 떠나서 '출가(出家)'한다는 것은 쉽지 않은 결단이었다. 막상 출가를 하더라도 초창기 어려운 형편에 여성 전무출신 수용 문제는 결코 쉬운 결정은 아니었다. 전무출신은 공동생활을 기본으로 하면서 생활방도를 함께 해결해가야 했다. 이 점에서 사가생활에서 자유로운 기혼자들이 먼저 길을 열어주었다.

실제 일타원(박사시화)부터 구타원(이공주)까지 모두 기혼자였다. 이 가운데 출가한 이들은 부군과 사별하는 등 사가의 의무를 다 마쳐서 자유로운 생활을 할 수 있는 이들이었다. 하지만 이후 젊은 여성들이 전무출신을 할 때는, 처음부터 사가의 의무와 책임에서 벗어나고자 결혼을 하지 않고 불법연구회 창립에 헌신한 이들이 점차 늘었다. 이처럼 여성들(물론 여성재가자들도 포함)의 교화 역량과 공도 헌신의 정신은 이후 창립기 회상의 성장에 무한 동력이 되었다.

다음은 육타원 이동진화이다. 그녀는 경성지부 창립요인이다. 1924년 3월 30일 소태산의 첫 경성 방문 때, 일행은 서울 당주동에 임시경성출장소를 차렸는데, 여기서는 박사시화가 소태산의 안내와 시봉을 맡으면서 경성 인연들을 차례로 인도했다.

일찍 양친을 여읜 이동진화는 18세때 왕궁가 종친의 소실로 들어가 풍족한 삶을 살았지만, 늘 수도의 삶을 동경했었다. 그러던 차에 박사시화의 소개로 소태산을 만난 것이다. 첫 만남에서 소태산은 "사람이 세상에 나서 할 일 가운데 큰 일이 둘이 있으니 그 하나는 정법의 스승을 만나서 성불하는 일이요, 그 둘은 대도를 성취한 후에 중생을 건지는 일이라, 이 두 가지 일이 모든 일 가운데 가장 근본이 되고 큰 일이 되나니라(『대종경』「인도품」6장)"라고 했다. 처음에 허리 굽혀 인사하지 않았던 그녀가 깊은 감동을 받고 그 자리에서 일어나 큰 절을 올렸다.

첫 경성 행가에서 돌아온 소태산은 불법연구회 창립총회를 진행한 후 곧 다시 만덕산에서 한 달 간의 선(禪)을 났다. 이때 이동진화가 침모(針母, 바느질로 품삯을 받는 여성)인 김삼매화를 대동해 만덕산까지 찾아와 입선했다. 그녀는 경성지부 요인으로서 창신동에 있던 자신의 수양채를 희사했으며, 이후 경성지부 재가교무로도 활동하다가 전무출신을 했다.

칠타원 정세월은 불법연구회 초대회장인 추산 서중안의 부인이다. 서중안과 함께 변산을 찾아 소태산의 하산(下山)과 불법연구회 창립을 적극 권했으며, 이후 익산 총부 건설 때 3,000여 평의 총부 기지 대금과 600여 원의 건축비를 희사하는 등 공로가 매우 컸다. 1927년에는 총부 구내로 이사했으며, 역시 추산의 사후에 딸 서공남과 함께 전무출신을 했다. 이후 총부식당 주무로 7년간 총부의 살림을 맡았고, 이후 총부 순교, 전재동포구호소 주임 등을 맡았다. 1935년 동선 때는 소태산으로부터 초견성 인가를 받았으며, 평소 수양에 힘썼다. 열반을 얼마 앞두고 '음력 구월 보름경에 가야겠다'고 했는데, 그때 열반에 들었다.

다음으로 팔타원 황정신행이다. 속명이 황온순(黃溫順)인데, 재가(거진출진)로서 원불교에 끼친 영향이 매우 큰 여성 제자 중 한 사람이다. 황정신행은 1935년 금강산 여행 중 개성 회원 이천륜을 만난 인연으로 1936년 경성 돈암동 회관을 찾아와 입교했다. 황해도 연안 출신으로 "여자라도 큰 도시에 가서 배워야 한다"는 아버지(황원준) 덕분에 1916년 이화학당 중등과에 진학했고, 이어서 경성여자고등보통학교를 다녔다. 부친 사후 다시 고향 연안에서 교회가 운영하는 유치원에서 근무했는데, 이때 연안 지역 3·1운동에 참여하게 되었다. 이때 어머니 송충성도 연안 지역 3·1운동의 주동자 중 하나로 구속됐으며, 황온순도 구속되어 재판을 받았다. 당시 해주지방법원 판임관(일제의 관등 중 하급 관원 등급)으로 근무하던 강익하가 재판에서 황온순에게 유리하게 통역을 해주어 풀려나게 되었다.

황온순은 2년간 어머니의 옥바라지를 마친 후 3·1운동 민족대표 33인 중 한 명인 박희도의 소개로 1921년 중국 길림으로 옮겨 길림성립여자중학교를 졸업하고 하얼빈에서 유치원 교사로 있었다. 1923년 귀국 후에 이화학당 유치원사범과를 다녔고 1926년 졸업 후 유치원교사로 봉직했으며, 앞서 인연되었던 강익하와 결혼했다. 강익하는 독립운동가 김구의 제자이자 후원자였다. 1936년 소태산에 귀의한 황온순은 '정신행(淨信行)'이란 법명을 받았다.

남편 강익하도 미두사업으로 큰 부를 이루었지만, 황정신행도 아버지의 유산에 순천상회(포목점)를 운영 등으로 큰 재력을 갖추었다. 그녀는 경성지부뿐만 아니라 불법연구회의 창립 과정에 큰 도움을 주었으며, 불법연구회(원불교)의 수달장자로 불렸다. 또한 1938년에는 동대문부인병원을 인수해 어려운 이들을 돌보았고, 1942년에는 익산 본관에 '자육원(慈育園, 지금의 정신원)'을 희사해 불법연구회 최초의 탁아소 겸 보육원 설립 청원에도 힘썼다. 해방 이후에는 전재동포구호사업에 적극적으로 동참했고, 이 과정에서 밀려드는 고아들을 수용하고자 1946년 한남동 정각사에 '보화원(普和園)'을 설립하고 원장직을 맡았다. 이것이 원불교 자선사업의 효시가 되었다.

하지만 1950년 남편이 세상을 떠나고, 한국전쟁 중 외아들 강필국이 마저 잃게 되었다. 또한 보화원도 포격에 의해 큰 피해를 입게 되었다. 이에 황온순은 1·4후퇴 때 전쟁고아들을 미군정의 도움을 받아서 제주도로 이송하여 그들을 돌보게 되었는데, 이때의 이야기가 〈전송가〉라는 영화로 제작되기도 했다.● 보화원은 이후 한국보육원, 서울보화원, 익산 보화원 등으로 그 역할을 이어간다. 이후 교육사업에 뛰어들어 휘경학원을 설립해 이사장을 역임했다(이방원, 2017).

마지막으로 첫 여자수위단 중앙단원이었고, 최초의 여성교무이자 재가교무였던 구타원 이공주(속명 이경길)이다. 그녀는 소태산의 두 번째 상경 때인 1924년 11월 22일 귀의했다. 이동진화의 수양채였던 창신동에서 친정어머니 민자연화와 언니 이성각, 그리고 언니의 딸 김영신 등 3모녀도 함께 만났다. 이후 이들도 나란히 입교했다. 당시 이들은 백용성(龍城震鐘, 1864~1940)의 대각교(大覺敎)를 왕래하던 중 소태산을 만나서 귀의하게 된 것이다.

소태산은 이공주가 장래에 일본에 유학하여 문학박사가 된 후 조선 여성을 계몽하는 일에 뜻을 밝히자, 소태산은 도덕

● 〈전송가(戰頌歌, Battle Hymn)〉는 1957년 더글라스 서크(Douglas Sirk)가 감독을 맡고, 록 허드슨(Roch Hudson, 헤스 대령 역)과 안나 카슈피(Anna Kashfi, 양안순 역)가 주연을 맡은 전쟁영화이다. 이는 딘 헤스(Dean E. Hess) 대령(당시 소령)의 자서전을 근거로 만들어진 영화로서, 양안순의 실제 모델이 황온순이다.

박사가 되어 세계 전체 여성, 나아가 전체 인류를 제도하는 일을 권했다. 또한 '공주(共珠)'라는 법명을 주며, 세계 인류가 함께 보는 보배로운 구슬이 되기를 당부했다. 이후 이공주는 경성지부의 주무로서 경성회원들의 구심역할을 담당했다. 또한 소태산의 상시훈련과 단 활동 등 교법과 제도를 실행하는데, 깊은 이해와 협조를 아끼지 않았으며, 누구보다 먼저 이 법을 받들어서 철저히 실천했다. 그녀는 1928년 일기법이 시행된 이후 10년 동안 빠짐없이 매일 일기조사법을 작성했으며, 소태산의 법문을 가장 많이 수필(직접 받아 적음)한 '법낭(法囊)', 즉 '법을 담는 주머니'의 역할을 했다.

1957년 이공주는 여자수위단 중앙단원으로서 원불교의 최초로 '대봉도(大奉道)' 법훈(法勳)을 받았고, 이때 황정신행은 원불교 최초의 '대호법(大護法)' 법훈을 받았다. '대봉도'는 원불교의 회창 창립에 공적이 큰 출가교도에게 주는 훈장이고, '대호법'은 공적인 큰 재가교도에게 주는 훈장이다.

소태산은 당시 연로한 일타원부터 오타원까지를 대신한 젊은 전무출신 김영신, 조전권, 서대인, 조일관, 오종태를 여자수위단 대리명단에 포함했다. 조전권과 조일관은 조송광의 딸이다. 조송광은 한벽루에서 소태산과 장시간 문답 후 귀의하였던 기독교 장로 조공진이었다. 그는 서중안에 이어서 불법연구회 제2대 회장이 되며, 재가회원으로 원평 교무를 맡기도 했다. 그의 딸 중 전주기전에 다니던 조전권은 기독교인이었던 아버지의 변심에 직접 불법연구회로 소태산을 찾아왔다가 오히려 불법연구회에 귀의했다. 그녀는 제6회 정기훈련(정묘동선)에 입선하고 전무출신까지 서원했다. 일생을 교화에 헌신한 그녀는 자비로운 인품과 법열 넘치는 설법으로 많은 이들을 감화시켜 '설통제일(說通第一)'이라 불렸다.

김영신은 소태산의 두 번째 상경 때, 창신동에서 외할머니 민자연화, 어머니 성성원과 함께 세 모녀가 함께 귀의했다. 경성여자보통학교에 다니던 김영신은 매년 가을 열렸던 서울 지역 여학교 연합운동회에서 육상 대표로 참여했다가 넘어져 얼굴에 큰 상처를 입었다. 다행히 목숨은 건졌으나 이후 인생에 대한 번민이 많았다. 그러던 차에 소태산을 만나서 전무출신을 서원했으며, 이후 총부와 경성은 물론 전주, 부산, 그리고 개성까지 초창기 곳곳을 교화하며 평생을 공도에 헌신했다.

소태산의 구도 과정에서부터 회상의 창립 과정에 이르기까지 여성 제자들이 활동은 매우 컸다. 당시까지만 해도 여성은 여전히 각종 차별제도와 사회적 편견 속에 사회참여가 쉽지 않았다. 소태산은 부부권리동일, 남녀권리동일 등을 일찍부터 주장했고, 여자도 남자와 같이 지도인의 역할을 해야 한다고 강조했다. 그리고 여성이 당당하게 지도자가 될 수 있도록 남자와 동등한 훈련과 교육을 진행했으며, 실제 현장에

수도와 생활이 둘 아닌 산 종교

서 영적으로나 전문적으로나 제대로 역할을 했다.

이처럼 불법연구회는 근대라는 시대적 요청과 함께 개벽 시대의 주체로서 여성의 역할에 주목하고 이를 제도적으로나 실질적으로나 구현하고자 했다.

불교혁신과 이상적 공동체 구현

소태산은 일찍이 '불법에 대한 선언'으로 미래의 불법이 어떤 모습일지 제시한 바 있는데, 1935년 이를 구체화시킨 『조선불교혁신론』을 발행했다. '신정의례'를 담은 『예전』도 같은 해 출간했다. 『혁신론』은 이미 변산 시절에 초안되었던 것이며, 『예전』에 제시된 혁신예법도 일찍부터 시행됐던 것들이 많다.

『혁신론』의 목차를 보면 '총론, 1장 과거 조선사회의 불법에 대한 견해, 2장 조선 승려의 실생활, 3장 세존의 지혜와 능력, 4장 외방의 불교를 조선의 불교로, 5장 소수인의 불교를 대중의 불교로, 6장 분열된 교화 과목을 통일하기로, 7장 등상불 숭배를 불성 일원상으로'라고 되어 있다. 그리고 7장에 이어서 '불성일원상조성법'과 '심고와 기도에 대한 설명'이 추가로 제시되어 있다. 「총론」에서는 다음과 같이 밝혔다.

> "불교로 말하면 노대(老大)종교로써 세계적 종교가 되었는지라, 어리석은 생각으로는 넓은 세상에 있는 불교를 다 말할 것이 없으나, 조선불교에 있어서는 폐단을 대강 알고 발전을 하기로 하는지라, 외람되이 이로써 혁신(革新) 내역을 말하자면, 외방의 불교를 조선의 불교로, 과거의 불교를 현재와 미래의 불교로, 산중 승려 몇 사람의 불교를 일반 대중의 불교로 혁신하되, 부처님의 설하신 무상대도는 변치 아니할 것이나 세간 출세간을 따라서 세간 생활에 필요한 인생의 요도를 더 밝혀야 할 것이며, 모든 교리를 운전하는 제도와 방편도 시대와 인심을 따라서 쇄신하여야 할 것이다."
>
> -『조선불교혁신론』「총론」

소태산은 불법이 무상대도(無上大道)임이 변하지 않지만, 세간(일상) 생활에 필요한 인생의 요도를 더 밝히고, 시대와 인심에 따라 제도와 방편을 쇄신했음을 분명히 했다. 이 가운데

'소수인의 불교를 대중의 불교로'에서는 "세간 공부하는 사람이나 출세간 공부하는 사람에 대하여 주객의 차별이 없는 공부와 사업의 등급만 따를 것이며, 계통하는 데에도 차별이 없이 직통으로 할 것이며, 수도하는 처소도 신자를 따라서 어느 곳이든지 건설하여야 할 것이며, 의식(衣食)생활에 들어가서도 각자의 처지를 따라서 할 것이며, 결혼생활에 들어가서도 자의에 맡길 것(『조선불교혁신론』 소수인의 불교를 대중의 불교로)"이라고 했다.

소태산은 세간(재가)과 출세간(출가)의 구분은 하지만, 차별을 두지는 않았다. 특히 공부와 사업, 법계(法系) 등에 주객의 차별을 두지 않았다. 공부(수도)의 처소도 신자가 많이 있는 곳에 두도록 했다. 그리고 직업을 통해 각자의 의식을 해결하도록 했으며, 결혼은 자의에 맡겼다. 앞서 밝혔지만, 재가든 출가든 함께 입선하여 정기훈련을 받고, 일상에 돌아와서는 누구나 재가선법인 상시훈련을 했다. 출가와 재가에 상관없이 공부 정도에 따라 법위를 얻었고, 지도자로서 역할을 했다. 법계(法系)도 여러 사람에게 공개적으로 전했다. 종통(宗統, 종교의 계통)은 수위단의 선거로 선출된 종법사(宗法師, 원불교 최고 지도자)를 통해 이어지지만, 법통(法統, 정법의 계통)은 재가출가 구분 없이 누구든지 이을 수 있다. 특히 직업생활이나 결혼생활이 결코 수도생활이나 영적 성장에 방해되지 않는다. 오히

려 일상의 경계에서 공부하는 방법만 안다면 '생활이 곧 불법'
이요, '불법이 곧 생활'이니 경계마다 공부 기회가 된다고 했
다.

소태산의 불교혁신은 여기서 그치지 않는다. 시대와 인
심에 따라 제도와 방편을 대중화하는 방안을 『불법연구회근
행법』(1943)의 「불교대중화의 대요」에 구체적으로 언급했다.

> "1 도량은 신자의 집중지에 치(置)하고 일상생
> 활에 접근케 함. 2 불조정전(佛祖正傳)의 심인을
> 체(體)로 하고, 계정혜 삼학으로써 훈련의 요도
> 를 정함. 3 교과서로 사용하는 경전은 평이한
> 문자와 통속어로써 편찬함. 4 불제자의 계통에
> 있어서 재가출가의 차별이 없이 그 지행의 고
> 하에 따라 정함. 5 영혼 제도만을 주로 할 것이
> 아니라 인생의 요도를 더 밝혀서 영육을 쌍전
> 하게 함. 6 걸식 시주 동령 음식불공 등을 폐지
> 하고 근로정신을 함양하며 교화에 노력함. 7 결
> 혼은 법으로써 구속하지 아니하고 자유로 함. 8
> 여자 포교사를 양성하여 여자는 여자가 가르치
> 게 함. 9 재래의 의식과 예법을 사실과 간편을
> 주로 하여 현대생활에 맞도록 함."

『혁신론』과 같은 해에 출간한 『예전』(1935)은 앞서 발표됐던 「신정의례(新定儀禮)」(1926)를 계승하고 예법혁신을 구체적으로 진행했다. '신정의례'는 출생의 예, 성년의 예, 혼인의 예, 상장의 예, 제사의 예 등으로 기존의 관혼상제에서 미신적 요소나 허례를 폐지하고, 각 예의 취지를 살리되 절약된 비용은 공익을 위해서 사용하도록 했다. 소태산의 셋째 아들 출생 때, '출생의 예'를 따랐으며, 장녀 박길선의 결혼식에 '혼인의 예'를 따르는 등 솔선수범했다.

뿐만 아니라 '사기념례(四紀念禮)'로 3월 26일(음) 공동생일기념, 6월 26일 공동명절기념, 9월 26일 공동선조기념, 12월 26일 공동환세기념 등을 정했다. 신정의례가 가정의례(가례)의 성격이 강하다면, 사기념례는 공동의례(교례)라 할 수 있다. 생일기념일에는 소태산의 대각을 전 회원의 공동생일로 삼아 함께 기념했는데, 오늘날에도 대각기념일인 4월 28일에 공동생일을 겸한다. 명절기념일에는 각종 명절을 한 날에 기념하게 했으며, 선조기념일에는 합동으로 선조 전에 향례를 올렸다. 그리고 환세기념일은 매년 새해를 함께 맞이하는 것으로 오늘날 신정절로 이어진다.

당시 불법연구회의 회원들은 고향을 떠나 각지에서 모였다. 혹은 집을 회관 안에 짓고 들어와 살았으며, 혹은 전무출신의 서원을 세우고 찾아왔다. 그렇게 혈연을 넘어 법연(法

緣) 중심의 공동체를 이루었다. 이후 유공인대우법에 따라 정
남정녀 열반기념, 전무출신 열반기념, 재가창립주 열반기념,
희사위 열반기념 등 회상 창립 공도자의 열반일을 함께 기념
했다. 이상의 팔대기념일에 1938년부터는 석존열반기념(2.
15), 석존탄생기념(4. 8), 석존성도기념(12. 8)등 석존의 기념일
이 추가됐다. 현재 원불교의 4대 경축일은 대각개교절, 석존
성탄절, 신정절 그리고 법인절이다. 법인절은 단원기도로 법
계인증을 받은 날을 기념한다. 또한 6월 1일 소태산의 열반일
에 지내는 육일대재(六一大齋)와 12월 1일에 지내는 명절대재
(名節大齋) 등 양 대재에는 합동 향례로 올린다. 원불교 의례는
기존의 전통의례와 불교의례 그리고 원불교 기념일 등이 포
함되는데, 허례를 폐지하여 의례를 간소하게 하되, 공도의 정
신은 오히려 선양케 했다.

　　소태산의 영적 여정은 곧 혁신의 과정이다. 불교혁신, 예
법혁신 등 모든 과정이 영적 여정에 장애가 된 과거의 제도와
예법을 혁신하는 일 그 자체가 매우 중요한 영적 여정이었고,
새 회상 창립의 과정이었다. 앞서 소태산은 "불법은 무상대도
이며, 장차 불교가 세계적 주교가 될 것이며, 새 회상도 불법
을 주체로 할 것"임을 확인한 바 있다. 그럼에도 불교를 혁신
해야 했던 이유는 곧 시대와 환경 등 외부 경계의 변화가 가
장 큰 요인이라고 할 수 있다. 즉 물질의 개벽을 제외하고는

생각할 수가 없다. 특히 근대 서구의 물질문명 앞에서 이러한 변화를 외면할 수 없었다. 소태산은 이 개벽된 시대에서 물질의 노예생활을 면하기 어려운 민중들의 파란고해의 실상을 보고 이를 극복하기 위해 정신의 개벽이 확충되어야 함을 강조했다. 기존의 불교를 포함한 모든 종교의 가르침도 얼마나 성자의 본의를 담고 있을지, 그리고 물질의 격랑 속에 휩쓸려 가고 있는 우리의 정신을 얼마나 개벽할 수 있을지 의문이다. 그런 점에서 소태산은 무상대도인 불법에 연원하면서도 그 제도와 방편을 시대와 인심에 따라 혁신했고, 인도상의 요법을 추가하여 일상생활을 하면서 정신도 개벽하는 운동을 이어가도록 했다.

소태산의 혁신 정신과 그 실천은 제자들의 협력 속에 불법연구회라는 이상적인 공동체 구현으로 이어졌다. 이 과정이 일부 언론을 통해 외부 사회의 주목을 받았다. 1924년 6월 4일자 『시대일보』에 불법연구회 창립총회 소식이 처음이었다. 당시 시대일보사 이리지국장 정한조가 축사를 했다. 1925년 5월 26일자 『동아일보』에는 '익산불법연구회 주경야독으로 불법을 연구해'라는 기사가 실렸다. 1928년 11월 25일자 『동아일보』에 '세상풍진 벗어나서 담호반(淡湖畔)의 이상적 생활'이라는 표제로 소태산의 사진과 함께 불법연구회가 소개됐다.

"이 연구회는 오로지 불법에 근거하여 정신수양·사리연구·작업취사의 3대 강령의 기치 하에서 움직이면서도 타류와 같이 불상을 가지지 않고 가장 현대적이면서도 현실화한 것이 특색이고, (…중략…) 그들이 질서 있고 규모 있는 조직적인 부문과 구체적인 설비는 실로 끽경(喫驚)치 않을 수 없으며 괄목치 않을 수 없을 만하다. 그리고 각자는 누구의 지휘를 기다리지 않고 모름지기 그 할 바의 직능을 여실히 발휘 궁천(窮踐)하여 일거수일투족이 한 가지도 심상한 바가 없으며 일개의 명종(鳴鐘)으로서 잠자고 일하고 먹고 공부하며 무엇에나 동하고 정하는 것이 여일 엄수하니, 경내에는 오직 염불과 시간마다의 타종 소리만으로 그치지를 않는다. (…중략…) 그들은 이와 같이 만사에 허위가 없고 실질적으로 날로 융성의 실(實)을 기하여 매진하나니, 시설의 주인공은 과연 누구일까. 오로지 불법연구회의 회주요 총재 격인 박중빈 선생의 포부의 일단이라 한다."

당시 이상적인 공동체로서 불법연구회를 소개한 기사들이 계속됐다. 1929년 5월 11일자 『동아일보』에는 '익산불법대회'라는 제목으로 '시창 14년도 정기총회'를 소개하는 기사가 실렸다. 1935년 5월 9일자 『매일신보』에도 '익산 북일면에 불법연구회'라 하여 소개 기사가 실렸다. 1937년 8월 10일자 『조선일보』에는 '불교혁신 실천자 불법연구회 박중빈씨'라는 기사가 실렸다. 이어서 9월 11일자 『중앙일보』에는 '불교혁신운동과 불법연구회의 장래'라는 기사가 실렸는데, 그 내용을 일부 살펴보면 다음과 같다.

> "거금(距今) 22년 전 전남 영광에서 박중빈씨의 창시로 불법연구회라는 것이 있었으니 (…중략…) 또한 종래의 조선불교는 조선의 불교가 되지 못하고 외방의 불교를 모방한 불교임으로 차를 혁신하여 영구불변한 무상대도(無上大道) 하에 조선의 실정에 즉(則)하는 순전(純全)한 조선의 불교를, 또는 초인간적인 불교를 시대에 상응한 대중적인 불교가 되게 하여 세간생활에 필요한 인생의 요체를 천명하며 교리운전의 제도와 방편을 시대인심에 적용하도록 쇄신하여 불교의 대중화를 도(圖)하자는 것이 동(同)연구회의 취지이었다. 그리하여 15년 전에 익산군

북일면으로 본부를 이전하는 동시에 건전한 발
전을 수(遂)하여 현재 회원 약 4천명이라 하며
동(同) 연구회의 종지와 교리는 기원을 불(佛)에
발하였으면서도 현하 조선인 생활에 가장 적응
한 수양기관으로 되어 있음에 묘미가 있는 것
이다. (…중략…) 곧 외방의 불교를 조선의 불교
로, 산중 승려의 불교를 대중의 불교로, 과거의
불교를 현재와 미래의 불교로 혁신을 책(策)하
였다. 이는 곳 불교부흥운동의 급선봉이라 칭할
수 있으며 과반래(過般來) 제창되는 불교 부흥
책과 상호 호응하여 조선불교 유사 이래의 획
기적 대운동이라 하겠다."

이러한 당시 언론의 평가는 소태산이 대각 이후 20여 년의 전
법(傳法) 과정에 관한 사회적 평가라 할 수 있다. 불법연구회
의 창립 과정은 작은 것으로부터 큰 것을 이루어간다는 이소
성대(以小成大)의 과정이었다. 이는 일제강점기에 좌절에 빠
진 민중들에게 일상의 삶 속에서 수도와 공부를 병행하는 실
제 모델을 제시한 것이었다. 소태산의 대각 이후의 생애는 '수
도와 생활이 둘 아닌 산 종교'를 통해 영육쌍전(靈肉雙全)하는
생활영성의 공동체를 구현하는 과정이었다. 이 외에도 '재래

불교의 조선불교에 경종을 울린다. 조선불법연구회를 방문해서'『조선경찰신문』(1937년 11월 1일), '생활화된 조선불교'『경성일보』(1941년 10월 21~23일) 등에서도 이러한 기사를 다루고 있다.

소태산은 구도와 대각, 전법의 과정에서 항상 생활을 중요하게 여겼다. 생활이 곧 불법이고 불법이 곧 생활이다. 일하면서 공부하고 공부하면서 일한다. 이런 정신은 불법연구회의 운영 전반을 관통했다. 소태산의 제자들 중 출가자들은 공동생활을 했다. 특히 영광을 떠난 이후에는 공중의 일[公衆事]을 우선했던 '전무출신'들의 무아봉공(無我奉公)의 헌신이 있었다. 무아봉공은 "개인이나 자기 가족만을 위하려는 사상과 자유 방종하는 행동을 버리고 오직 이타적 대승행으로써 일체 중생을 제도하는 데 성심성의를 다하자는 것(『정전』「사대강령」)"을 의미한다. 힘겨운 공동체의 삶이었지만, 일상생활에서 영적 수도를 놓지 않았다.

부족할 수 있는 부분은 제도로 정비해 생활영성을 독려했다. 개인적으로는 영적 수행을 위한 정기훈련뿐만 아니라 일상 수행을 위한 상시훈련을 강조했다. 전체적으로는 10인 1단의 단 조직을 통해 공부와 사업을 함께 병행하도록 했다. 민주적 의견수렴 등 공의를 중요하게 여긴 부분은 의견제출 제도로 보완했는데, 제출된 의견이 의결을 거치면 공동체(불법연구회)의 세칙이 됐다. 또 혈연에 한정하지 않고 법연의 가족제도로서 '은부모시자녀'제도를 시행하는 등 각종 제도를 정비하여 새로운 조직운영과 개인과 가족, 불법연구회 전체의 애경사를 비롯한 각종 예법들을 혁신했다.

일련의 모든 조치는 이상에만 그치는 게 아닌 우리의 삶과 연결된 아주 구체적인 생활영성 공동체를 만들어 냈다. 여전히 종교계 전반에서 여성의 참여와 역할에 차별이 없지 않은데, 소태산은 이미 100여 년 전에서 교리적으로나 제도적으로 남녀의 권리를 동일하게 했고 여성 제자들이 맘껏 자신의 역량을 발휘할 수 있도록 모든 차별제도를 타파하고 교육은 물론 지도자로서 교화 활동을 하는 데에도 동등한 기회와 역할을 부여했다. 이처럼 소태산은 과거의 가르침을 새로운 시대와 인심에 맞게 때로는 계승하고, 때로는 혁신하며, 때로는 창조했다. 묵은 시대의 낡은 정신과 제도를 바꿔 이상적인 생활영성 공동체 구현에 헌신했다.

일제의 탄압, 소태산의 대응

1930년대 중반 불법연구회는 사회의 긍정적 평가와는 별도로 일본 경찰의 주목을 받게 된다. 특히 1935년 도산 안창호의 불법연구회 방문으로 일제는 주요 내사 대상으로 불법연구회를 주목하기 시작했다. 게다가 조선총독부의 촉탁(囑託, 위임받은 임시직원)이었던 일본의 민속학자 무라야마 지준(村山智順)의 『조선의 유사종교(朝鮮の類似宗教)』 발간을 계기로 '유사종교(類似宗教)'라는 명분 아래 불법연구회를 관리 대상으로 삼고 감시와 탄압을 본격화했다.

또한 앞서 소개된 소태산과 불법연구회에 대해 긍정적 기사들과는 달리, 1937년 『조광』 6월호에 불법연구회를 유사종교로 폄하하는 기사가 실려서 한바탕 파장이 일었다. 1937

년 2월에 이른 바 '백백교(白白敎) 사건'으로 사회가 떠들썩했다. 이는 동학에서 파생된 분파 백백교의 교주 전용해와 주요 간부들이 전국 각지의 신도들 수백 명을 살해한 사건이었다. 『조광』지가 큰 논란이 된 백백교 사건을 다루면서 '유사종교의 소굴 탐방기' 특집에서 불법연구회를 악의적 시각으로 다룬 것이다. 그러나 이에 대해 불법연구회는 대표단을 파견해 기사가 사실무근임을 따지고 정정 보도를 요청했다. 그 과정이 '조광사건(朝光事件)과 그 경과에 대하여(『회보』제36호, 1937년 7월호)'에 실렸다.

> "조선일보사 부대사업으로 경영되는 잡지 『조광』 6월호에 본회의 사실 상위(相違)된 기사가 게재되었던 바, 그의 기사 내용을 검토해 보건대 문제는 「불법연구회의 정체 해부」라 하여놓고 이 곳 총부에 와서는 일언의 물음도 없었으며 또는 관계 당국에 대하여도 일차의 진상 조사도 없이 다만 저 경성 일우에 있는 설비 불완전한 한 지부 겸하여 주재자도 없을 때 가서 마침 집 지키고 있는 수인의 어린 사람을 상대로 한두 마디의 수작을 교환하고 간 후에 그와 같이 황당무계한 허구 기사를 발표함에 이르게

된 것이외다. (…중략…)

총부에서는 이 대책을 강구키 위하여 지난 25, 26 양일간 근관 요인회를 소집하고 신중 협의한 결과 여러 가지 격월(激越)한 의논이 다수 제출되었으나 종사주 말씀이 '사람이 세간에 나타나서 사업을 경영하는 땅에 있어서는 사실 유무를 막론하고 선악의 평판이 의례히 따르는 바이며 더구나 이번 기사 내용을 보건대 근자 사교(邪敎) 백백교 사건의 발생으로 인하여 모든 사람의 신경이 극도로 예민하여진 이 기회에 어떠한 기자의 일시적 호기심에서 철모르는 붓장난을 한 것인 듯하니 이를 부지일소(附之一笑)하고 마는 것이 좋으나 적어도 반만의 대중을 가진 단체의 체면상 그와 같이 무근한 말을 듣고 그저 묵과키는 곤란하다. 그러나 절대로 그들과 상대하여 투쟁을 할 것이 아니라 금일이라도 사람이 가서 본회의 취지와 실행사업을 철저히 설명하여 해사(該社)의 오해를 일소하고 그 인식을 바로잡도록 노력하는 것이 옳다' 하시고, 5월 29일 회중 대표로서 이재철 유허일 양씨(兩氏)를 경성에 파견하여 조선일보의 방

수도와 생활이 둘 아닌 산 종교

사장 이하 관계 제씨를 역방(歷訪)하고 그 사실
무근임을 설명하는 동시에 재차 상세히 조사해
보아서 그보다 더한 악 사실이라도 있을 것 같
으면 근본적으로 폭로 배격을 할 것이요.

만약 사실이 없다면 그것은 귀사의 책임이니
기사 정정은 물론 다시 반복이라도 하는 것이
사회 공중의 표현기관으로서 당연한 도가 아
니냐고 정중히 요구하였던바 회사 제씨도 모
두 호의로써 상대하였으며, 6월 1일 돌연 회사
전북 특파원과 이리 지국장이 총부에 내방하
여 본사의 내명을 받고 온 모양인지 본회의 불
교혁신의 정신과 각 부분의 실행사업을 일일이
관찰한 결과 전일 조광의 기사가 전연 무근임
을 확인하는 동시에 다대(多大)한 호감을 가지
고 갔사오니 후사(後事)는 해사(該社)의 공정한
처리에 맡기고 제간하회(第看下回, 나중에 결과가
나타나게 되는 일) 하옵시다."

이후 『조선일보』는 1937년 8월 10일자 신문에 실린 '불교혁
신 실천자 불법연구회 박중빈씨'라는 제목의 기사에서 앞서
『조광』지와 전혀 다른 어조로 불법연구회와 소태산에 대한

긍정적인 기사를 보도했다.

> "씨(소태산 박중빈)는 일견 정치가 타입이다. 철리
> 를 심오한 종교가로서 웅대한 포부를 가진 철
> 저한 활동가이다. 씨는 20년 전에 재래불교의
> 시대적 종언에 입각하여 과거의 제 단계를 합
> 리적으로 분석한 후 단연 혁신을 고양하여 불
> 법연구회를 조직하였으니, 동회가 표방하는 바,
> 종교의 시대화, 대중화, 물심양면의 개발, 일체
> 미신의 타도, 정신수양·사리연구·작업취사 등
> 실로 민중의 현실적 의식을 반영하여 재래종교
> 의 형이상학적 신비적 형태에서 완전 탈피한
> 대중적 종교라 아니할 수 없나니, 이 의미에 있
> 어서 씨는 조선불교사상에 루터라 하여도 과언
> 이 아니다."

이어서 『조광』(1937년 10월호)에서도 '불법연구회 탐방기'라 하
여 불법연구회의 개략적인 역사와 운영에 대해 살피면서, 기
존에 문제가 되었던 백백교나, 전북지역의 유사종교단체인
보천교(普天敎, 차경석 교주의 성을 따라 '차천자교'라고도 함)나 무극
도(無極道, 조철제 교주의 성을 따라 '조천자교'라고도 함) 등과 달리 "사

업과 생활양식 방면으로 고찰할 시에는 일종의 산업단체적
진흥단체적 외관을 정(呈)한다. 다시 이상과 교리방면으로 보
아서는 훌륭한 종교단체"라고 하여 이전과 다르게 긍정적인
기사를 제공했다. 결국 『조광』지 사건은 4개월 만에 오히려
불법연구회를 훌륭한 종교단체로, 소태산을 혁신불교의 실천
가로서 대외적으로 인증 받는 전화위복의 계기가 됐다.

　　하지만 『조광』지 오보 사건의 이면에는 당시 시국상황과
일제의 종교정책 등으로 유사종교에 대한 부정적 인식이 사
회적으로 만연해있음을 확인하는 계기가 됐다. 이를 계기로
향후 불법연구회에 대한 일제의 감시와 탄압이 어느 방향으
로 흐를지 예의주시해야만 하는 형편에 놓이게 되었다. 이미
일제는 한국의 종교를 통제하기 위해 1915년 「포교규칙」(총
독부령 제83호)을 공포했다. 이 규칙에서는 신도(神道), 불교, 기
독교만을 '공인종교'로 인정하고, 그 이외의 종교들은 '유사종
교'로 분류하고 있다.

　　무라야마 지준의 『조선의 유사종교』에서는 불법연구회
를 백용성의 대각교(大覺教)와 함께 불교계 유사종교로 분류
했다. 이러한 분류는 1936년 차경석 사망과 보천교(차천자교)
와 무극도(조천자교) 등 증산계 교단들에 대한 탄압과 해산이
신속하게 진행되었던 일과 무관하지 않다. 또한 여기에 백백
교 사건까지 터지면서 유사종교에 대한 부정적 여론이 커졌

으며, 사회적 이슈로 떠올랐다. 이 시기에 언론에서도 이러한 부정적인 기사들이 자주 보도 됐는데, 앞서 『조광』지에서 제대로 된 취재도 없이 불법연구회를 '유사종교의 소굴'의 하나로 소개한 것도 이러한 배경에서 일어난 사건이라 할 수 있다.

　이보다 앞서 불법연구회에 대한 일본 경찰의 감시가 심해지게 된 직접적인 계기가 있었다. 바로 민족지도자 도산 안창호(島山 安昌浩, 1878~1938)의 불법연구회 방문이다. 도산은 1932년 4월 29일 매헌 윤봉길(梅軒 尹奉吉, 1908~1932) 의사의 상하이 홍커우 공원 폭탄투척 의거에 연루, 사건 직후 체포돼 4년형을 선고받았다. 이후 대전감옥에 복역 중이던 도산은 1935년 2월 10일 가출옥한 이후 전국을 순행했다. '이상촌(모범촌) 건설'을 추진하던 도산이 전라도 순회 중 불법연구회가 이상촌이라는 얘길 듣고 직접 총부를 방문해 소태산과 만난 것이다. 앞서 불법연구회 기사를 게재했던 『동아일보』의 배헌 기자가 안내했고, 몇 사람의 기자가 동행했으며, 이리경찰서 형사가 따라다니며 감시했다. 아마도 도산의 이상촌 건설과 관련하여 불법연구회를 가까이서 지켜보았고 직접 취재까지 했던 배헌 기자가 도산에게 자연스럽게 소개했을 것이다.

　도산이 다녀간 이후 일제의 감시가 본격화되었다. 이리경찰서는 익산 총부 구내에 북일면주재소를 설치, 불법연구회 총부 입구의 청하원(淸河院)을 순사가 머무르는 주재소로 사용했다. 청하(清河)는 이공주의 아호인데, 1934년 이공주가 아들 박창기와 전무출신을 서원하고 총부 구내에 지은 살림집이다. 당시에는 불법연구회 구내에서 가장 좋은 집이었다. 1936년 10월 일본 경찰은 이 집을 주재소로 삼고, 일본인 순사와 한국인 순사(황가봉)를 파견했다.

이후 백백교 사건 등을 계기로 본격적인 내사가 진행됐는데, 황가봉은 내사를 위해 하선에 직접 입선인으로 참여하기도 했다. 다른 회원들에게는 눈엣가시 같은 존재였지만, 소태산은 다른 제자들과 차별 없이 한결같이 대해주었다. 그에게 '이천(二天)'이란 법명도 주었으며, 자주 그의 법명을 불렀다고 한다. 결국 황이천은 소태산에게 감화 받아 이후 여러 가지로 불법연구회를 도왔다. 그는 왜 자신에게 '이천'이란 법명을 주었는지 의문이었으나 해방 이후 그 뜻을 알고 감탄했다고 한다. 훗날 그의 딸(황명신)이 원불교 전무출신으로서 우리나라 최초의 대안학교(특성화학교)인 영산성지고등학교 교장을 역임했다.

일제는 유사종교 내사를 하면서 주로 남녀문제, 재정문제, 사상문제 등을 제기했다. 그러나 소태산은 일제의 본격적인 내사가 진행되기 이전부터 안으로 남녀문제, 재정문제 등을 철저하게 단속했다. 사상문제와 관련하여 오랫동안 진행했던 혁신불교로서의 정체성을 『조선불교혁신론』의 발간에서 재천명했다.

　먼저 남녀문제의 경우를 보면, 이미 1934년『회보』제10호에 제시된「남녀간 교제에 대한 조항」에서도 알 수 있듯이 아주 구체적으로 이를 엄격하게 관리하고 있었다. 요약하자면, 남자와 여자는 이성이 거주하는 곳에 가지 않고 가더라도 실내에는 들어가지 않도록 했으며, 남녀가 단 둘이 비밀스러운 장소에서 대화하지 않고, 부득이 할 말이 있을 때는 공공연한 장소에서 하도록 했다. 부득이 남녀가 동행할 때는 제3자가 함께 하도록 하는 등 작은 빌미 하나도 생기지 않도록 아주 사소한 행실부터 단속했다.

　재정문제의 경우도 일찍부터 조갑종, 김영신, 박길선 등 젊은 인재들을 경성부기전문학교에 보내서 교육을 시켰으며, 이들을 통해 회계장부를 철저하게 관리해왔다. 불법연구회 구내의 북일면 주재소에도 매달 빠짐없이 2인분의 식대청구서를 보냈다. 일본 경찰이 불시에 들이닥쳐 장부를 조사했을 때에도, 한 치의 오차를 보이지 않았다. 이를 본 일본 경찰은 오히려 불법연구회에는 나라를 맡겨도 능히 처리하겠다고 극찬했다는데, 소태산이 이 말을 전해 듣고 "참다운 도덕은 개인·가정으로부터 국가·세계까지 다 잘 살게 하는 큰 법이니, 세계를 맡긴들 못 할 것이 무엇이리요.(「실시품」14장)"라고 말했다. 이처럼 소태산은 도덕을 주장하는 종교가로서 뿐만 아니라, 물질을 잘 활용하는 사업가로서의 역량도 발휘해 수도와 생활을 함께하는 공동체로서 불법연구회의 토대를 단단히 했다.

특히 사상문제의 경우는 훨씬 집요했다. 조그만 일도 흠을 잡고자 했다. 일원상기(회기)를 제작할 때, 일장기의 가운데를 오려냈다고 시비를 걸었다. 그리고 불법연구회 회가의 가사에 왜 일본 황실에서 사용하는 '천양무궁(天壤無窮)'이라는 문구가 들어갔는지를 따졌다. 또한 사은(천지은, 부모은, 동포은, 법률은)에 황은(국왕은)이 왜 들어가지 않았는지를 캐물었다.

일제가 이렇게까지 종교단체를 감시하고 나선 이유는 무엇일까? 대공황(1929) 여파로 세계경제가 침체에 빠져들 때 중일전쟁이 발발했고, 급기야 일제의 진주만 습격으로 태평양전쟁까지 터졌다. 이런 상황에서 일제는 조선의 전시체제를 강화했는데, 이 체제에 방해되는 모든 사상과 집회를 탄압했다. 물론 종교계도 예외는 아니었다. 1935년 총독부는 심전개발운동(心田開發運動) 혹은 종교부흥운동을 진행했는데, 조선 민중에게 종교를 통해 내선일체(內鮮一體)와 황국신민(皇國臣民)을 강요하고자 했다. 앞서 언급했듯이 언론도 합세해 유사종교를 미신단체로 몰아갔고 점차 해산 분위기가 확산됐으며, 대표적으로 당시 국내 최대 종파였던 보천교가 교주 차경석 사후 총독부 경무국의 유사종교에 대한 해산 명령이 일선

경찰부로 직접 하달되어 대대적인 검거와 탄압이 이루어지면서 강제 해산됐다(권동우, 2021b).

이런 분위기는 불법연구회도 피해가기 어려웠고, 감시와 탄압은 날로 심해졌다. 일제는 예회 식순에도 궁성요배(宮城遙拜), 황국신민서사(皇國臣民誓詞) 등을 강제로 편입시켰다. 주재소 건축비를 뜯어간 이즈미가와(泉川) 이리경찰서장 등 일본인 경찰과 조선인 순사들이 소태산과 불법연구회를 여러 가지로 괴롭혔다. 하지만 그렇다고 소태산과 불법연구회는 일제의 손아귀에 놀아나지 않았다. 예회 식순에 궁성요배 등을 강제로 넣으면 소태산은 일부러 예회에 늦게 들어가 이를 피했다. 또 창씨개명 요구에는 성을 '일원(一圓)'으로 하고 스스로 '일원증사(一圓證士, 일원의 진리를 증득한 사람)'라고 부르며 우회적으로 대응했다. 일본 천황과의 만남을 강제로 진행했을 때도 눈병(眼疾)을 핑계로 차일피일 미루던 중, 오히려 이 일로 문제가 커질 것을 우려한 전북도경이 먼저 계획을 중단하기도 했다(박용덕, 2022c).

반면에 이즈미가와의 후임인 스즈키 스미조(鈴木住藏) 서장과 그의 후임인 가와무라 마사미(河村正美)는 소태산을 에도시대의 농정가 니노미야 손토쿠(二宮尊德, 1789~1856)에 견주며 존경했는데, 이들은 구하기 힘든 거름을 공급하거나 시국 관련 정보를 미리 귀띔하는 식으로 불법연구회에 도움을

수도와 생활이 둘 아닌 산 종교

주었다. 또한 일본 동본원사 승려를 지냈던 마바구치(馬場口) 경부는 소태산 앞에서 무릎을 꿇고 언행을 공손히 하며 참선에 관한 문답을 하기도 했다(이혜화, 2018). 앞서 황가봉(법명 이천) 순사와 같이 소태산에 감화를 받은 이까지 포함하여 일본 경찰의 감시와 탄압 그 이면에 보이지 않은 외호가 함께 있었다. 그런데도 황도불교화(皇道佛敎化)에 대한 노골적인 요구나 유사종교 해산의 빌미를 잡으려던 일제의 탄압은 갈수록 심화되었다.

열반, 먼 길을 떠나다

『조선불교혁신론』(1935) 이후 『불교정전』(1943)의 발간까지의
기간은 불교사상이 본격적으로 유입되었던 시기였다. 이 기
간에 불교의 수용은 한편에서는 일원상 진리를 중심으로 불
교의 정체성을 분명히 드러내는 과정이었다. 다른 한편에서
는 유사종교의 탄압에 대응하기 위한 방편적 수용 측면도 없
지 않았다.

이 시기에 소태산은 먼 길을 떠나듯 조용히 열반을 준비
했다. 예전의 선사들은 임종에 닥쳐서 바쁘게 전법 게송을 몇
사람에게만 비밀리 전하는 경우가 많았는데, 소태산은 미리
게송을 발표해 여러 사람에게 두루 전했다. 경진동선(庚辰冬
禪) 중인 1941년 1월 28일 게송(偈頌)을 공회당 선방에서 송도

　　　　　　　　　　　　수도와 생활이 둘 아닌 산 종교

성에게 칠판의 한 가운데를 줄로 나누고 오른편에 게송을 적게 했다.

> "유(有)는 무(無)로 무는 유로
> 돌고 돌아 지극(至極)하면
> 유와 무가 구공(俱空)이나
> 구공 역시 구족(具足)이라."
> -『정전』「게송」

소태산의 전법게송을 대중들에게 공개적으로 알린 것이다. 이에 대해서 덧붙여 당부했다.

> "유(有)는 변하는 자리요 무(無)는 불변하는 자리나, 유라고도 할 수 없고 무라고도 할 수 없는 자리가 이 자리며, 돌고 돈다, 지극하다 하였으나 이도 또한 가르치기 위하여 강연히 표현한 말에 불과하나니, 구공이다, 구족하다를 논할 여지가 어디 있으리요. 이 자리가 곧 성품의 진체이니 사량으로 이 자리를 알아내려고 말고 관조로써 이 자리를 깨쳐 얻으라."
> -『대종경』「성리품」31장

소태산은 이 자리는 사량(思量, 생각하고 분석함)으로 알 수 없는 자리이며, 관조(觀照, 직관으로 비춰봄)로써 깨쳐 얻어야 한다고 당부했다. 제자들은 게송을 먼저 발표한 점을 의아하게 여겼지만, 소태산이 곧 열반에 들 것이라는 생각은 전혀 하지 못했다. 이어서 칠판의 왼편에는 '동정간불리선(動靜間不離禪)'을 쓰게 했다.

> "육근(六根)이 무사(無事)하면 잡념(雜念)을 제거하고 일심(一心)을 양성하며 육근(六根)이 유사(有事)하면 불의(不義)를 제거하고 정의(正義)를 양성하라."
>
> -『정전』「무시선법」

이는 '무시선의 강령'으로서 이후 『정전』「무시선법」에 실렸다. 즉 정할 때[靜時] 공부는 잡념을 제거하고 일심을 양성하고, 동할 때[動時] 공부는 불의를 제거하고 정의를 양성하는 것이다. 게송과 나란히 동정간불리선법(무시선의 강령)을 밝힌 것은 게송을 깨쳐 아는 것만큼 동정간의 삼학을 함께 닦아가는 무시선 공부가 중요한 것으로 이해된다. 평소에도 그랬지만, 마지막까지 깨침과 더불어 실행을 강조한 것이다.

경진동선(庚辰冬禪)이 끝날 무렵인 1941년 2월 28일에는

'성리법설'을 발표했다. 이 성리법설은 이후 『정전』에 '일원상 법어'로 포함된다. 이 법문은 진리에 관한 깨침과 실행 표준을 제시한 것이다.

"
○
이 원상(圓相)의 진리를 각(覺)하면 시방 삼계가 다 오가(吾家)의 소유인 줄을 알며, 또는 우주 만 물이 이름은 각각 다르나 둘이 아닌 줄을 알며, 또는 제불·조사와 범부·중생의 성품인 줄을 알며, 또는 생·로·병·사의 이치가 춘·하·추· 동과 같이 되는 줄을 알며, 인과보응의 이치 가 음양상승(陰陽相勝)과 같이 되는 줄을 알며, 또는 원만구족한 것이며 지공무사한 것인 줄을 알리로다.

○
이 원상은 눈을 사용할 때에 쓰는 것이니 원만 구족한 것이며 지공무사한 것이로다.

○
이 원상은 귀를 사용할 때에 쓰는 것이니 원만 구족한 것이며 지공무사한 것이로다.

○

이 원상은 코를 사용할 때에 쓰는 것이니 원만
구족한 것이며 지공무사한 것이로다.

○

이 원상은 입을 사용할 때에 쓰는 것이니 원만
구족한 것이며 지공무사한 것이로다.

○

이 원상은 몸을 사용할 때에 쓰는 것이니 원만
구족한 것이며 지공무사한 것이로다.

○

이 원상은 마음을 사용할 때에 쓰는 것이니 원
만구족한 것이며 지공무사한 것이로다.”

－『정전』「일원상 법어」

이 일원상 법어는 진리를 제대로 깨달고 잘 사용하도록 ‘정각
정행(正覺正行)’의 공부 표준을 제시한 것이다. 이는 진리를 깨
우쳐 아는 것만큼 그 진리를 육근을 통해 잘 사용하는 게 중
요하다고 강조한 것이다.

또한 소태산 생전 마지막 정기훈련이었던 임오동선(壬
午冬禪) 중인 1943년 1월에는 「교리도(敎理圖)」를 발표했는데,
소태산은 “내 교법의 진수가 모두 여기에 들어 있다”고 했다

(『대종경』「부촉품」7장). 교리도는 원불교 교리의 핵심을 담은 도표이다. '일원상의 진리'를 중심으로 왼편에 '신앙문', 오른편에 '수행문'을 두고, 네 모서리에는 '사대강령(四大綱領)'을 두었다. 사대강령은 지은보은, 정각정행, 불법활용, 무아봉공으로서 네 가지 실천 강령이다.

일생을 '산 경전'을 펼치고 살았던 소태산은 생애의 마지막 일로 『정전』 집필에 정성을 다하며 발간을 서둘렀다. 당시 출판관할 기관인 전라북도 학무국에 『정전』 출판 허가서를 신청했는데, 이곳저곳에 빨간 줄을 쳐서 반송하고 거듭 반송했다. 특히 황도선양의 정신이 없다는 이유로 허가를 해주지 않았다(박장식, 2006). 다만 일본어로 발간하면 허가를 해주겠다고 회유하기도 했지만, 소태산은 경전을 일본어로 발간하면, 나중에 불쏘시게 밖에 되지 않는다며 이에 응하지 않았다.

이때 마침 시국 강연을 위해 익산에 방문한 김태흡 스님을 류허일 교정원장과 박장식 총무부장이 불법연구회로 안내했다. 소태산을 만난 김태흡은 그의 인품에 감화를 받아서 '마치 엄동설한에 화로 가에 앉아 있는 느낌'이었다고 했다. 그는 소태산의 염원인 『정전』 발간에 어려움이 있음을 알고 이를 돕기로 했다. 그의 말대로 당시 『정전』 앞에 '불교'를 넣어서 『불교정전』이라는 경명으로 하되, 불교시보사 사장이었던 김태흡을 발행인으로 내세웠다. 이어서 총독부 학무국 관할로

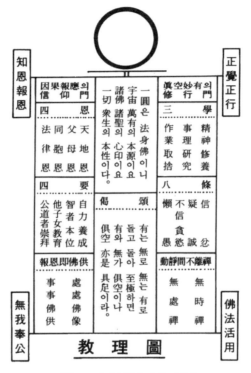

원불교 교리의 핵심을 담은 교리도

출판허가를 얻을 수 있었다(박장식, 2006).

　1942년 그토록 염원했던 『불교정전』의 출판허가가 나왔다. 서울 예지동의 수영사 인쇄소에서 인쇄를 시작했다. 박장식이 서울에 머물면서 교정을 보았고, 정식제본에 들어가기 전 인쇄된 내용(가제본)을 소태산이 밤샘하며 감수했다. 『정전』은 1940년 초고를 시작으로 1943년 발행까지 소태산이 편찬을 자주 재촉하며 직접 감정(鑑定)의 붓을 들었는데, 시간이 밤중에 미치는 때가 잦았다. 드디어 글을 완성한 후 인쇄에 붙이며, 다음과 같이 말했다.

　　　"때가 급하여 이제 만전을 다하지는 못하였으
　　　나, 나의 일생 포부와 경륜이 그 대요는 이 한
　　　권에 거의 표현되어 있나니, 삼가 받아가져서
　　　말로 배우고, 몸으로 실행하고, 마음으로 증득
　　　하여, 이 법이 후세 만대에 길이 전하게 하라. 앞
　　　으로 세계 사람들이 이 법을 알아보고 크게 감
　　　격하고 봉대 할 사람이 수가 없으리라."
　　　-『대종경』「부촉품」3장

정식 제본 인쇄를 마치고 드디어 발행되었다. 『불교정전』의 발행일은 3월 20일로 명시되어 있지만, 익산총부에 도착한

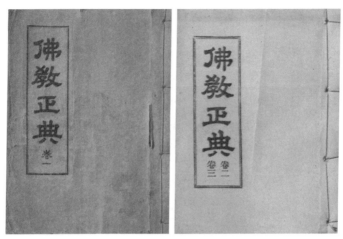

1943년 출간된 『불교정전』 권1, 『불교정전』 권2 권3(합본)

수도와 생활이 둘 아닌 산 종교

것은 소태산의 열반 이후인 1943년 8월 5일이었다. 이로써 '선교 양종의 동파서류를 종합한 대성적 종전'이 세상의 빛을 보게 됐다. "성인이 나시기 전에는 도가 천지에 있고 성인이 나신 후에는 도가 성인에게 있고 성인이 가신 후에는 도가 경전에 있다(『정산종사법어』「무본편」 52)"고 했다. 『불교정전』의 출판 이후 전북도경에는 비상이 걸렸고, 발행인을 자청했던 김 태흡 스님이 적지 않은 곤경을 겪었다(박장식, 2006).

소태산은 앞서 게송을 발표한 후 제자들에게 '먼 길을 떠난다', '금강산에 수양하러 간다'는 등의 얘기를 자주 했다. 마침내 1943년 5월 16일 예회 때 생사에 관한 법문을 했는데, 이 법문이 소태산의 최후법문이 됐다.

> "생사라 하는 것은 마치 사시가 순환하는 것과
> 도 같고, 주야가 반복되는 것과도 같아서, 이것
> 이 곧 우주 만물을 운행하는 법칙이요 천지를
> 순환하게 하는 진리라, 불보살들은 그 거래에
> 매하지 아니하고 자유하시며, 범부 중생은 그
> 거래에 매하고 부자유한 것이 다를 뿐이요, 육
> 신의 생사는 불보살이나 범부 중생이 다 같은
> 것이니, 그대들은 또한 사람만 믿지 말고 그 법
> 을 믿으며, 각자 자신이 생사 거래에 매하지 아

니하고 그에 자유할 실력을 얻기에 노력하라."

-『대종경』「부촉품」14장

예회를 마치고 점심으로 상추쌈을 한 소태산은 이날 오후 갑자기 복통을 호소했다. 인연 있는 의료진들이 백방으로 살폈으나 별 차도가 없었다. 5월 27일 이리병원에 입원한 소태산은 각지에서 찾아온 제자들이 걱정했지만, 오히려 그들을 안심시켰다. 이리경찰서 순경으로 있던 황이천이 문병하러 왔을 때, 아픈 사람 같지 않다며 꾀병을 부린다고까지 생각했다. 하지만 소태산은 1943년 6월 1일(음 4월 29일) 결국 열반에 들었다. 1916년 대각 이후 전법을 시작한 지 28년째였고, 1924년 6월 1일(음 4월 29일) 불법연구회를 창립한 이후 19년째였다. 해방 두 해 전이었다.

소태산의 죽음을 현실로 받아들일 수 없었던 제자들은 잠시 선정에 든 것이라 하여 조만간 부활할 것이라는 의견도 있었다. 하지만 일본 경찰은 속히 장례를 치르게 했다. 9일장을 신청했으나 6일장만을 허가했으며, 매장도 허락하지 않고 반드시 화장할 것을 강요했다.

일본 경찰의 강압에 6일장을 치르고, 6월 6일 발인식이 거행됐다. 발인식은 김태흡의 주례와 유허일의 사회로 진행되었으며, 이리불교연맹 소속 승려 5인이 독경했다. 장의행렬

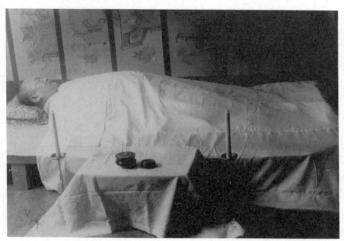

열반 후 조실에 안치된 소태산

소태산의 운구행렬을 뒤따르는 제자들

수도와 생활이 둘 아닌 산 종교

원불교 익산총부에 있는 소태산대종사성탑 ⓒ윤관명 교무

에 일원상(○)기와 소태산일원대종사(少太山一圓大宗師) 열반표기가 앞서고 수위단원, 친족, 그리고 200여 명의 회원이 참여했다. 이때 참석회원들은 지난 2년간 만든 행복(行服, 법복)을 입었다. 소태산은 행복 200벌의 제작을 자주 재촉했었는데, 우연의 일치인지 일본 경찰이 장의행렬을 230명으로 제한했다. 상여꾼이나 친족들을 제외하고는 결국 행복을 입은 이들만 장의행렬에 참여할 수 있었다. 금강리 수도산 화장막에 도착했는데, 관이 커서 화구에 들어가지 않아 관뚜껑을 뜯어내고 화장해야 했다. 소태산의 유해는 49재를 올리는 동안 총부 조실에 모셨다가 북일면 신흥리 장자산에 임시 안장됐다(박용덕, 2022c). 그리고 해방 이후인 1949년 4월에 현재의 익산총부 구내에 소태산대종사성탑이 자리하게 되었다.

일본 경찰은 소태산 사후에 불법연구회는 제자들이 '도토리 키 재기'이니 파벌로 자멸할 것이라고 보았다. 하지만 장례를 마친 직후인 6월 7일 후임 종법사 추대 절차를 진행, 정산종사가 2대 종법사로 취임했다. 정산은 경상도 성주에서 도를 구하고자 전라도에 찾아와 소태산의 마중을 받았으며, 영광에 오자마자 17세의 나이로 수위단의 중앙 단원이 되었다. 그는 이제 44세의 원숙한 지도자로서 대중의 신망을 얻고 있었다. 소태산은 열반을 앞두고 영산지부장으로 있던 정산을 총부로 불렀으며, 별도의 법상(法床)을 만들어서 직접 대중 앞에서 설법하거나 대중을 지도해 보도록 독려했다. 소태산과 정산의 각별한 관계나 최초의 수위단 중앙으로서 평소의 신임 등을 고려하여 제자들은 중진 간부회의에서 만장일치로 정산을 후임 종법사로 추대, 이튿날 바로 종법사 취임식을 치렀다. 정산은 일제 말기와 해방 전후의 혼란기를 이겨내고 '원불교'의 교명을 대외적으로 선포했다.

심봉사가 눈을 떴을 때, 세상이 드러났고
모든 봉사들이 눈을 떴다. 영성의 시대,
심봉사는 누구일까?

5장

영성 한류를
꿈꾸며

금강산과 그 주인

소태산은 1928년 9월 26일(음) 익산 본관 예회에서 '우리의 보물, 금강산'이란 제목으로 설법을 했다. 이 법문은 송도성이 받아 적어 '금강산과 그 주인'이란 제목으로 1928년 『월말통신』 제8호에 실렸다.

"(…상략…) 조선은 반드시 금강산으로 인하여 드러날 것이다. 금강산을 말할 때 조선을 연상케 되고 조선을 말할 때 금강산을 연상케 되니, 조선과 금강산과는 서로 떠날 수 없는 사이며, 조선은 드러나기 싫어도 필경 금강산을 따라서 드러나고야 말 것이다. (…중략…) 그만한 강산! 그 좋은 보물이 있을 때에 어찌 그 주인이 없을 손가? 주인이 있으되 상당한 주인이 있을 것이다. (…중략…) 산이 세계의 명물인 만큼 주인도 세계의 명인일 것이다. (…중략…) 오직 이 금강산은 팔래야 팔 수 없고 살래야 살 수 없고 버리려 해야 버릴 수 없는 하늘이 점지하신 조선의 보물이다. 그 주인이 아무리 학식 없고 권리 없고 가난하고 천할지라도 고국산천을 다 버리고 동서남북에 유리(流離, 정처없이 떠돌아다님)하여 남의 집에 밥을 빌어 다닐지라도 '나는 조선을 여의지 않는다'하고 견립부동(堅立不動)할 것이니, 여러분은 결코 우리의 현상을 비관하지 말라. 무가(無價)의 중보(重寶)요, 광명의 뿌리인 금강산은 아직도 우리의 것이요 미래도 우리의 것이다. (…중략…) 근일 금강산의 발천(發闡, 가려져 있던 것이 드러남)되는 것을 본즉 숨어 있든 그 주인공이 '나 여기 있다'하고 소리 높여 대답할 날도 멀지 안할 줄로 확신하노라. 바라노니, 여러분이여 금강산이 될지어다. 여러분에게는 각자의 금강이 있으니, 다가서서 밝히면 그 광명을 얻으리라. 금강산이 되기로 할진대 금강산과 같이 순실하여라. (…중략…) 여러분도 마땅히 모든 일을 할 때에 외식(外飾)을 삼가하고 실질을 주장하야 순연한 본래 면목을 일치 말지어다. 금강산이 되기로 할진대 금강산과 같이 정중하여라. (…중략…) 여러분은 마땅히 남이 나를 사랑하고 미워하고 알아주고 몰라줌에 끌리니 말지어다. 금강산이 되기로 할진댄 금강산과 같이 견고하여라. (…중략…) 여러분도 한번 당연한 곳에 그쳤거든 아무리 천신만고를 당할지라도 돈독한 신성과 굳센 의지를 변하고 굴하지 말지어다.

그러면 금강산은 체(體)가 되고 사람은 용(用)이 될지라. 체는 정(靜)하고 용은 동(動)하나니, 금강산은 그대로 있으되 능히 금강산 노릇을 하려니와 사람으로서 금강산의 주인이 되기로 할진대 잘 움직여야만 될 줄 믿는다. 여러분이여! 어서어서 인도(人道)의 요법을 부지런히 연마하여 세계의 산 가운데 홀로 금강산이 드러나듯이 모든 교회 가운데 가장 모범적 교회가 되도록 노력 할지어다. 그러면 강산과 더불어 사람이 아울러 찬란한 광채를 발휘하리라.”

소태산은 금강산을 통해 조선의 민중들에게 희망과 용기를 주고자 했다. 금강산은 조선의 보물이고 세계의 명산이다. 현재 그 주인이 "학식 없고 권리 없고 가난하고 천할지라도 고국 산천을 다 버리고 동서남북에 정처 없이 떠돌며[流離] 남의 집에 밥을 빌어 다닐지라도" 금강산은 항상 조선을 여의지 않고 그 자리에 지키고서 꼼짝 않고 있을 것이니, 우리의 현상을 비관하지 말자. 금강산이 세상에 드러날 때, 그 주인도 함께 빛나게 될 것이다. 금강산은 체(體)이니 언제나 그 자리에 있을 것[不動]이고, 그 주인인 우리는 금강산 같이 순실하고, 정중하고, 견고한 인격을 갖추어서 누군가 금강산의 주인을 찾을 때, '나 여기 있다'하고 당당하게 나서자는 것이다.

실제 소태산이 금강산을 유람한 것은 1930년 5월이 되어서였다. 경성교무 이공주와 이동진화, 신원요 등 경성지부 회원들의 주선으로 8박 9일의 여정으로 다녀왔다. 일정은 5월 1일 경성을 출발해서 5월 12일 돌아오는 일정이었다. 1929년 조선박람회(경성)가 개최되면서 임시 개통된 금강산 전철을 이용했다. 금강산 유람의 자세한 기록은 이공주가 기고한 '세계적 명산 조선 금강산 탐승기'에 담겨 있다. 이 글은 『월말통신』 27·28·29호에 연재됐고, 소태산은 익산에 돌아온 후 5월 15일 예회 법문으로 금강산을 다녀온 소감을 전했다. 그 중 금강산 탐승시(探勝詩) 3구절을 소개한다.

"보습금강경(步拾金剛景) 금강개골여(金剛皆骨餘)"는 금강산 구경을 기념하기 위하여 읊은 것이고, "금강현세계(金剛現世界) 조선갱조선(朝鮮更朝鮮)"은 속인(일반인)을 대할 때 금강산을 두고 읊은 것이다. 그리고 "금강현세계(金剛現世界) 여래도중생(如來度衆生)"은 불제자인 승려를 대할 때 금강산을 두고 읊은 것이라고 했다.

첫 번째 구절은 "금강산의 경치를 돌아보니, 금강산은 모두 뼈만 남았다"는 말이다. 이 말은 우리의 성품 자리에서 분별없는 마음으로 금강산의 절경을 구석구석 돌아보았더니, 그 안에 금강산의 진수가 이미 남김없이 담겨있음을 뜻한다. 이 글은 소태산이 영산에서 변산까지 배를 타고 오는 길에 했던 법문을 연상케 한다. "내가 영산에서 윤선(輪船)으로 이곳에 올 때 바다 물을 보니 깊고 넓은지라 그 물을 낱낱이 되어 보았으며 고기 수도 낱낱이 헤어 보았노니, 그대도 혹 그 수를 알겠는가(『대종경』 「성리품」 12장)." 그리고 변산에서 읊었던 게송도 떠오른다. "변산구곡로(邊山九曲路) 석립청수성(石立聽水聲) 무무역무무(無無亦無無) 비비역비비(非非亦非非)(『대종경』 「성리품」 11장)." 내변산의 절경이 금강산과 같다고 하여 변산을 금강산의 여름철 이름인 봉래산이라 불렀다. 그래서 변산구곡을 봉래구곡이라고도 한다. 봉래구곡을 다 둘러보는데, 돌이 서서 물소리를 듣는다[石立聽水聲].

두 번째 구절은 "금강산이 세계에 드러나니, 조선은 새로운 조선이 되리라"는 내용이다. 이 말은 조선 민중들에게 큰 희망을 주는 글이다. 금강산은 과거에도 지금도 이후에도 항상 여여(如如)한 조선의 보물로서 언젠가 그 모습을 세계에 드러낼 명산이다. 그때는 조선이 이전의 조선이 아니라 새로운 조선이 될 것이다. 이는 조선의 미래에 관한 전망이자, 조선 민중에게 보내는 희망의 메시지이다. 그리고 공부하는 이들에게 각자의 근본인 금강 같은 자성을 체득하여 금강산과 같이 순실하고 정중하며 견고한 인격을 갖추기에 힘쓸 것을 당부했다. 그리하면 금강산과 그 주인이 함께 세상에 드러날 것을 전망했다.

소태산은 "금강산은 천하의 명산이라 멀지 않은 장래에 세계의 공원으로 지정되어 각국이 서로 찬란하게 장식할 날이 있을 것이며, 그런 뒤에는 세계 사람들이 서로 다투어 그 산의 주인을 찾을 것이니, 주인 될 사람이 미리 준비해 놓은 것이 없으면 무엇으로 오는 손님을 대접하리요(「전망품」 5장)"라고 밝혔다.

세 번째 구절은 "금강산이 세계에 드러나니, 여래가 중생 제도를 마쳤다"는 내용이다. 이는 출가자들을 위한 법문이라고 했다. 『정전』 의두요목에 제시된 "세존(世尊)이 도솔천을 떠나지 아니하시고 이미 왕궁가에 내리시며, 모태 중에서 중생 제도하기를 마치셨다"는 화두가 떠오른다. 도솔천과 왕궁가가 둘이 아니고, 부처와 중생이 둘이 아니다. 그 자리에서는 여래가 제도할 중생이 따로 없다.

　　일반인(속인)에게는 '조선이 새로운 조선으로' 거듭난다는 말을 통해 현실 세계에서 달라질 조국의 미래를 보임으로써 큰 희망과 용기를 주었다. 출가자들에게는 이미 금강산과 같은 우리의 본래 성품인 금강자성(金剛自性)이 현현하니, 제도할 중생이 따로 없는 진리 세계의 변함없는 소식을 전했다. 성도 속도 없고, 부처도 중생도 없으며, 강자도 약자도 없다. 분별없는 성품 자리를 통해 소태산은 성과 속, 진리계와 현실계의 양면을 균형 있게 제시했다. 영산 노루목의 대각지를 떠나지 않고 익산 신룡에서 가르침을 펼쳤고, 변산의 봉래구곡을 여의지 않고 금강산 구석구석 탐방을 모두 마친 것이다. 소태산은 53년 생애, 대각 후 28년 동안의 모습은 색신여래라 한다면, 변함없는 그 자리에서 한 걸음도 옮기지 않은 채 법신여래를 그대로 드러냈다.

돌아오는 세상

이공주는 '돌아오는 세상을 예언하심'이란 제목으로 『회보』
제22호에 소태산의 설법을 기록으로 전했다.

> "현재 우리 조선으로 말하면 수십년지간(數十年
> 之間)에 저 문명 제국에서 과학문명 물질문명이
> 들어와 횡행하는 머리에 자연히 가옥제도와 생
> 활제도도 많은 개량이 되었고 완고하든 사람들
> 의 지견과 사상도 많이 열리어졌으며 따라서 교
> 육제도와 사농공상의 직업제도 등도 훨씬 개혁
> 이 되었나니 과연 4, 50년 전 조선에 비하면 지
> 금은 실로 모든 것이 개명이요 발전이라고 아

니할 수 없게 되였으나 저 서양문명에 비교하여 본다면 아직도 미개하고 미비한 점이 한두 가지가 아닐 것이다.

그러나 이 앞으로는 우리 동양문명도 점점 발달되어 서양문명에 떨어지지 않을 것이며 따라서 현재의 안목으로는 상상도 못할 모든 처소와 기관이며 또는 온갖 편리하고 좋은 일이 생겨나서 물질 방면으로도 놀랄만한 발전을 기필코 보게 될 것이요, 더욱이 정신 방면 즉 도덕적으로는 동양 제일의 발전을 보이게 될 것이며 일보를 진하야 세계의 지위를 점령하게 될 것이다. 과연 우린 조선은 점진적으로 어변성룡(魚變成龍)이 되어가건마는 그 일을 뉘가 아는지 모르겠다. 이 중에도 젊은 사람들은 당대에도 불가사의의 그 문명을 몇 가지라도 볼는지 알 수 없으니 이나의 말을 잘 적어두었다가 대조하여 보라. 혹자는 이런 말을 부황하게 들을 사람도 있을는지 모르나 나의 말을 믿는 사람들에 있어서는 의심도 걸지 않으리라고 생각하노라."

소태산이 지켜 본 지난 수십 년간 조선의 변화는 그야말로 놀라운 정도였다. 소태산은 1924년 불법연구회 창립총회를 앞두고 첫 경성을 방문한 이후 매년 경성을 방문했다. 어떤 해는 5차례 이상 매년 10차례까지 방문한 기록이 있다. 당시 경성은 밀려오는 신문물, 물질문명의 변화가 가장 두드러진 곳이었다(방길튼, 2016). 특히 1929년 조선총독부 주최로 '조선박람회'가 열렸는데, 일제강점 20주년이 되는 시점에서 경복궁에서 50일간 개최됐다. 일본은 이 박람회를 통해 식민지 조선에 '문명개화'의 이념을 전하고 '문명국' 일본의 모습을 대외적으로 선전하고 식민통치의 정당성을 과시하고자 했다. 이때 박람회를 다녀가면서 소태산은 '무궁한 박람회'를 구경하라는 감상을 제시한다.

> "박람회는 곧 과거와 현재를 비교하여 사·농·공·상의 진보된 정도를 알리는 것이요, 또는 견문을 소통하여 민지의 발달에 도움이 되게 하는 것이니, 참다운 뜻을 가지고 본다면 거기에서도 물론 소득이 많을 것이나, 나는 오늘 그대에게 참으로 큰 박람회 하나를 일러 주리니 잘 들어 보라.
> 무릇, 이 박람회는 한 없이 넓고 커서 동서남북 사유(四維) 상하가 다 그 회장이요, 천지 만물 그

가운데 한 가지도 출품되지 않은 것이 없으며, 개회 기간도 몇 억만 년이든지 항상 여여하나니, 이에 비하면 그대의 말한 바 저 서울의 박람회는 한 터럭 끝만도 못 한 것이라 거기에서 아무리 모든 물품을 구비 진열한다 할지라도, 여기서 보는 저 배산이나 황등 호수는 옮겨다 놓지 못할 것이요, 세계에 유명한 금강산은 출품하지 못하였을 것이며, 또는 박물관에는 여러 가지 고물을 구하여다 놓았다고 하나 고물 가운데 가장 고물인 이 산하대지를 출품하지는 못하였을 것이요, 수족관에는 몇 가지의 어류를 잡아다 놓았고 미곡관에는 몇 가지의 쌀을 실어다 놓았다 하나 그것은 오대양의 많은 수족 가운데 억만 분의 일도 되지 못할 것이며 육대주의 많은 쌀 가운데 태산의 한 모래도 되지 못할 것이요, 모든 출품이 모두 이러한 비례로 될 것이니, 큰 지견과 너른 안목으로 인조의 그 박람회를 생각할 때에 어찌 옹졸하고 조작스러움을 느끼지 아니 하리요.

그러므로 이 큰 박람회를 발견하여 항상 이와 같은 도량으로 무궁한 박람회를 구경하는 사람

은 늘 무궁한 소득이 있을 것이니, 보는 대로 얻
을 것이요 듣는 대로 얻을 것이라, 그러므로 예
로부터 지금까지 모든 부처와 성현들은 다 이
무궁한 박람회를 보아서 이 회장에 진열된 대소
유무의 모든 이치를 본받아 인간의 시비 이해를
지어 나가시므로 조금도 군색함이 없었나니라."

－『대종경』「불지품」19장

총독부는 조선박람회를 통해 조선은 미개한 식민지이고 일본
은 개화된 문명국이란 점을 부각하고 싶었을 것이다. 하지만
소태산은 오히려 그 '옹졸하고 조작스러움'을 꼬집었다. 조선
박람회는 실상 조선을 위한 박람회가 아니다. 일본의 통치를
정당화하려는 과시용 행사에 불과했다. 그러나 소태산은 '참
으로 큰 박람회', '무궁한 박람회'를 구경하는 사람이 되라고
했다.

　　소태산은 아직 동양문명이 서양문명에 뒤떨어져 있지만,
앞으로는 물질 방면으로도 놀랄만한 발전을 보여서 서양문명
에도 떨어지지 않을 것이라고 전망했다. 더욱이 정신 방면에
서 도덕적으로는 우리나라가 동양 제일을 넘어서 세계 제일
이 될 것이라고 내다봤다. 그리고 이를 '어변성룡(魚變成龍)'에
비유했다. 물고기가 변해서 용이 된다는 뜻이다. 소태산의 열

반(1943) 이후 80여 년이 지났고, 그의 전망대로 실제 그동안 우리나라는 한강의 기적을 이룩해 아시아의 네 마리 용으로 주목받기도 했다. 현재 우리나라는 이미 세계 최고의 과학기술과 제조 능력을 갖춘 물질문명의 선도국가 중 하나가 되었다. 이미 IT, 반도체, 자동차, 생명공학, 우주항공 등 대부분의 과학기술 분야에서 두각을 나타냈고, 경제력과 군사력에서 이미 세계 10위 안에 드는 강국이 됐다. 이제 아시아를 넘어서 세계의 용으로 거듭나고 있다.

또한 100여 년 전 소태산은 「최초법어」에서 강자와 약자가 함께 진화하는 길을 제시한 적이 있었다. 당시 「약자가 강자되는 법문」(『월말통신』 창간호, 1928)에서 밝혔듯이, 약자는 강자에 의해 온갖 차별과 멸시를 당하기 때문에 일단 무조건 대항하려 하지만 오히려 더 큰 핍박을 받기 쉽다. 그러다가 아예 무서워서 앞에 나서지도 못한 채, 비굴하게 굽실거리거나 심지어는 앞잡이를 자청하기도 한다. 하지만 약자로서 강자되는 길은 다르다. 먼저 상대를 미운 마음으로 대할 게 아니라 강자도 약자도 없는 원래 마음을 회복하고, 다음에는 무조건 대항만 할 것이 아니라 강자는 어떻게 강자가 되고, 약자는 어찌하다 약자가 되었는지를 면밀히 연구해서 약자로서 강자로 나아갈 방도를 찾아야 한다. 마지막으로 그 길을 찾았다면 어떠한 경우라 할지라도 하기로 한 일(권장 조목)은 죽기로써 취하고, 안 하기로 한 일(금지 조목)은 죽기로써 버리는 공부를 해야 한다. 이를 통해 약자는 강자가 되고, 강자는 영원한 강자가 되도록 자리이타의 실행이 필요하다.

구한말에 이 나라는 세계에서 열강의 틈새에서 이리 치이고 저리 치이며 결국 나라 잃고 강산도 빼앗겼다. 일제강점기에 온갖 멸시와 차별, 수탈과 동원, 감시와 탄압을 받아야 했다. 해방 후에는 동족끼리 죽고 죽이는 비극을 겪고 휴전 상태에서 분단의 아픔을 겪었다. 한국전쟁 이후 전쟁의 폐허 속에 세계 최빈국으로 전락하여 한동안 국제원조에 의지해야만 했었다. 그랬던 나라가 100여 년이 지난 오늘, 어느새 세계에서 몇 손가락에 드는 강국의 지위에 올랐다.

세계적인 역사학자 폴 케네디(Paul Michael Kennedy, 1945~)는 『강대국의 흥망』에서 군사력과 경제력을 기준으로 강대국의 흥망을 살펴보았다. 결국 강대국의 기준은 인구에 근거한 군사력과 자본의 규모에 근거한 경제력을 말한다. 앞으로도 군사력, 경제력으로 세계의 강국이 될 것인가? 약자가 강자되고, 강자가 약자되는 이치를 잘 알아서 한 번 강자가 되었다고 강을 남용하지 말고, 영원한 강자가 되도록 약자를 이끌어줄 수 있는 도덕성을 갖춘 나라가 되어야 영원한 강자가 될 수 있는 것이다. 소태산의 법통을 이은 정산도 세계의 일등국은 돈이나 힘으로 만드는 것이 아니라, '도덕'으로 만들어야 이 나라가 세계의 중심국이 된다고 했다(『정산종사법어』「도운편」15장). 소태산 역시 자신을 찬탄하는 이에게 "고금 천하에 다시없는 큰 도덕이 이 나라에 건설되는 줄을 그대는 모르는가(『대종경』「실시품」44장)"라는 말로 세계 제일의 도덕 국가가 될 것을 예견했다.

소태산은 "돌아오는 세상이야말로 참으로 크게 문명한 도덕 세계일 것"이라고 전망하고, "지금은 묵은 세상의 끝이요, 새 세상의 처음(『대종경』「전망품」19장)"이 된다고 했다. 그리고 "지금 세상의 정도는 어두운 밤이 지나가고, 바야흐로 동방에 밝은 해가 솟으려 하는 때이니, 서양이 먼저 문명함은 동방에 해가 오를 때에 그 광명이 서쪽 하늘에 먼저 비침과 같은 것이며, 태양이 중천에 이르면 그 광명이 시방세계에 고루 비치게 되나니 그때야말로 큰 도덕 세계요 참 문명 세계니라(『대종경』「전망품」21장)" 하고 동방에 큰 도덕이 출현하고 그 도덕으로써 대한민국이 세계의 중심국이 될 것이라고 전망했다. 그렇다면 소태산이 전망한 '돌아오는 세상'의 모습은 어떠한가?

"오는 세상의 모든 인심은 이러하리라. 지금은 대개 남의 것을 못 빼앗아서 한이요, 남을 못 이겨서 걱정이요, 남에게 해를 못 입혀서 근심이지마는, 오는 세상에는 남에게 주지 못하여 한

이요, 남에게 지지 못하여 걱정이요, 남을 위해 주지 못하여 근심이 되리라. 또 지금은 대개 개인의 이익을 못 채워서 한이요, 뛰어난 권리와 입신양명을 못 하여서 걱정이지마는, 오는 세상에는 공중사(公衆事)를 못 하여서 한이요, 입신양명할 기회와 권리가 돌아와서 수양할 여가를 얻지 못할까 걱정일 것이며, 또 지금은 대개 사람이 죄짓기를 좋아하며, 죄 다스리는 감옥이 있고, 개인·가정·사회·국가가 국한을 정하여 울과 담을 쌓아서 서로 방어에 전력하지마는, 오는 세상에는 죄짓기를 싫어할 것이며, 개인·가정·사회·국가가 국한을 터서 서로 융통하리라. 또 지금은 물질문명이 세계를 지배하고 있지마는, 오는 세상에는 위없는 도덕이 굉장히 발전되어 인류의 정신을 문명시키고 물질문명을 지배할 것이며 물질문명은 도덕 발전의 도움이 될 것이니, 멀지 않은 장래에, 산에는 도둑이 없고 길에서는 흘린 것을 줍지 않는 참 문명 세계를 보게 되리라."

-『대종경』「전망품」19장

영성 한류를 꿈꾸며

이공주의 수필 법문인 「돌아오는 세상」에 소태산이 전망한 미래세상의 모습이 좀 더 구체적으로 소개되고 있다. 몇 가지 예만 인용해 보면 다음과 같다.

"높은 산 솔밭 사이에는 각종의 수목과 여러 가지 화초를 심고 혹은 연지를 파서 부어(附魚, 붕어를 말함)를 키우며 사이사이 기암괴석이나 고목 끌텅 등을 늘어놓아 훌륭한 공원을 만들어 놓고 그 산 밑에는 구멍을 파고 문화주택을 건축하되 응접실 현관이며 침실 식당 등 기묘 절승하게 지은 후 낮에는 태양광선을 들어대고 밤이면 전등을 쓰며 그 외에도 무엇이나 군색한 것이 하나도 없이 화려한 생활을 하다가 썩 나와서 집 위를 쳐다보면 찍찍한 솔밭이오, 올라가 보면 기화요초가 만발한 가운데 각종의 새와 벌레들은 모여들어서 자연의 음악을 노래하며 춤추는 모양을 보게 될 것이니, (…중략…) 집을 지을 때에 천연적 산을 구하지 못한 사람은 일부러 조산이라도 묻어서 우에는 여러 가지 초목을 심고 각색의 새를 길들이며 그 밑에는 주택을 짓고 사는 사람도 있게 될 것이다. (…중략…)

현하 조선 궁벽한 촌에서 생활을 하기로 말하면
고무신 한 켤레 명태 한 마리만 사려하여도 몇
십리 밖에 읍내를 나가야 하고 혹은 우육(牛肉)
일근만 사먹으려 하여도 장날을 기다려야 하지
않는가. 그러나 이 앞으로는 어떠한 농촌, 산촌,
어촌 등 험악한 벽지에까지라도 현재 도시와 같
이 각종 각색의 상점이 생겨나서 돈만 준비한다
면 그 동리에서 마음대로 물건을 살 수가 잇을
것이요, 또 간이식당 같은 것도 생겨나서 여러
사람들에게 편리하도록 백반에 고기반찬을 먹
을 사람 혹은 보리밥이나 모조밥(메조로 지은 밥)
에 된장과 채소하고 먹을 사람 혹은 메물(메밀)
죽이나 미음 먹을 사람 이와 같이 각자의 마음
대로 처지를 따라 청구하면 그대로 공급하여 매
식자에게 편의를 주게 될 것이며, 또는 처처에
재봉소나 세탁소가 있어서 복잡한 생활을 하는
사람들도 의복을 해 입거나 세탁을 하여 입는
데에 곤란이 없게 될 것이다.
또는 탁아소나 양로당 같은 기관도 처처에 생겨
나서 유아 있는 직업부인들은 매일 작업소에 갈
적에 탁아소에다가 각자의 유아를 맡겨두면 그

곳에서는 전문으로 그 어린아이들을 먹이고 보아 주는 고로 유아를 가진 부녀들도 안심하고 벌이를 할 수가 있을 것이요, 또 무의무탁한 노인들은 자선 사업가들이 양로당을 짓고 시봉군을 두어 의식을 받드는 머리에 별 걱정 없이 수양이나 하고 편안한 생활을 하다가 열반하게 될 것이다.

(…중략…) 돌아오는 세상에는 점차로 공익심이 발달되는 머리에 아무리 재산이 많더라도 자기 생자생손에게는 상당한 교육이나 시켜주고 혹은 치산의 기본금이나 약간 대여 줄 것이요, 남은 재산은 얼마가 되든지 일반 사회를 위하여 교육 사업이나 혹은 자선 사업에 쓰는 사람이 많을 것이다.

지금 세상 사람들은 대개가 남을 해롭게 하는 것으로써 자기의 유익을 삼았지마는 이 돌아오는 세상의 사람들은 남을 유익 주는 것으로서 자기의 유익을 삼을 것이다. (…중략…)

현재 조선의 종교로 말하면 그 신자들로 하여금 상당한 훈련을 시키지 못 하였는 고로 어대서든지 특별히 종교인이라고 신용할만한 가치가 없지마는 오난 세상에 있어서는 종교가 발달되는 머리에 각 교회 신자들로 하여금 상당한 훈련을 시킬 것이며 따라서 그 신자들은 자연히 도덕심이 생겨나고 계행을 지키게 되어 물론 종교의 훈련 없이 자행자지하는 자와는 판이하게 얌전할 것이 사실이다. 그럼으로 관공청이나 사회 각 방면에서 직원이나 고원(雇員)을 선발하는 대에도 반드시 종교 신자를 많이 찾게 되며 또한 채용하게 되리라."

80여 년이 지난 지금 소태산이 예언한 돌아오는 세상에 대한 전망은 거의 눈앞에 현실로 나타났다. 앞으로 국가 기관이나 사회의 각 방면에 일정한 종교의 훈련을 받은 이들을 찾게 될 것이라는 부분은 오늘날 종교인들이 관심 가져야 할 부분이다. 여기서 종교의 훈련은 어떤 것일까? 실제 일상의 경계에서 단련할 수 있는 사실적 도덕의 훈련이 되어야 할 것이다. 각자의 인격 단련을 위한 자신의 훈련뿐만 아니라 공도 정신 실현을 위한 국민훈련과 인류훈련이 포함될 것이다. 이를 통해 자신의 영적 가치를 실제 생활에서 단련하고 나아가 세상에 유익을 주도록 하자는 것이 성자의 본의이고 종교의 역할이다.

문명 대전환의 시대에 정신개벽 혹은 도덕문명을 이끌어

가야 할 종교계의 역할을 이런 관점에서 생각해볼 필요가 있다. 실제 국가와 지자체 및 각종 NGO 등 이성적이고 합리적인 영역에서 각계 전문가들의 역할이 점차 커지면서 상대적으로 종교가 가지는 사회적 역할이 예전보다는 줄어들고 있다. 이는 오히려 종교가 좀 더 근원적인 부분에서 오늘날 종교의 책임과 역할을 찾아야 한다는 뜻일 것이다. 종교의 역할을 좀 더 정신적 영역이나 영성적 측면에서 찾는다면, 물질적 영역이나 이성적 측면에서 과학의 역할과 조화를 이룰 수 있을 것이다. 그리하면 돌아오는 세상에 물질적 풍요와 정신적 가치가 함께 어우러진 참 문명 세계가 가능할 것이다.

미륵불과 용화회상

소태산은 물질이 개벽된 시대에 오히려 인류는 물질의 노예 생활을 면하지 못하고 있고 세상은 병들어가고 있다고 보았다. 그 해법으로 정신개벽의 필요성을 역설했다. 소태산의 영적 여정은 의문에서 시작됐다. 책의 첫 번째 절에서 맨 처음 소개했듯이 단지 '이 뭐꼬'를 통한 이치적 해법만이 아니라 '이 일을 어찌할꼬'하는 실천적 해법까지 포함된 것이다. 그의 영적 여정은 우주와 인생에 대한 의문에서 출발해서 깨달음을 얻고 그 가르침을 전하는 일에 멈추지 않았다. 직접 불교혁신의 실천가로 정신개벽의 주인공으로 나섰다.

오늘날 물질이 개벽된 시대를 맞이했지만, 예상치 못했던 수많은 문제들에 불거지면서 근대문명의 한계를 드러내고 말았다. 이제 문명 전환의 요청이 곳곳에서 이루어지고 있다. 과학문명, 서구문명의 한계에 따른 문명 전환(정신문명)의 요구는 이미 근대부터 시작됐다. 근대의 문제는 현재까지 지속되고 심화되고 있는 것이다(권동우, 2019b) 이제는 제대로 아는 것만이 아니라 올바로 실행하는 일이 절실한 때이다. 이제 개인만이 아니라 인류와 세상을 구제할 새로운 대안으로서 정신개벽을 실현할 주인공이 그 어느 때보다 필요하다.

소태산도 회상 창립의 모든 과정을 혼자가 아니라 항상 단원들과 함께 했다. 저축조합부터 간석지 개간(방언공사) 때도, 단원기도 할 때도, 변산에서 교리 강령을 제정하고 예비교재도 만들고 예비훈련을 할 때도, 익산에서 회상을 창립하는 과정이나 의견제출 등을 통해 공중사를 결정할 때도 항상 모두가 함께 했다. 이제 한 사람이 이끄는 시대가 지났다. 이제 여럿이 함께 하는 시대이다. 한 두 사람이 아니라 모두가 주인공인 시대이다. 각자는 자신의 영적 가치를 충분히 발현하고, 동시에 자신을 넘어서 세상에 더 많은 유익을 줄 수 있어야 한다. 물론 어려운 길이지만, 전혀 갈 수 없는 길도 아니다. 소태산은 「개교의 동기」에서 그 길을 걷는 해법으로 진리적 종교의 신앙과 사실적 도덕의 훈련을 제시했다.

'진리적 종교의 신앙'은 신앙의 원리(인과보응의 이치)와 신앙의 대상(천지, 부모, 동포, 법률의 네 가지 은혜, 가정·사회·국가·세계

등 인류의 모든 공동체), 그리고 신앙의 방법(진리불공, 실지불공)까지 진리적으로 밝혀 놓은 종교를 신앙하자는 것이다. '사실적 도덕의 훈련'은 전통에 얽매인 관념화된 도덕이 아니라 실제 일상의 경계에서 필요한 도덕을 훈련하자는 것이다. 이는 경계에 흔들리지 않고 부동심을 유지하는 공부(정신수양), 시비와 선악을 빠르게 분석하고 바르게 판단하는 공부(사리연구), 정의는 죽기로써 실행하고 불의는 죽기로써 실행하지 않는 공부(작업취사)를 통해 진행된다.

진리적 종교란 무엇인가? 곧 성리에 뿌리를 둔 종교이다. 성리는 우주의 근본 이치와 인간의 본래 성품(본성)을 말한다. 소태산은 우주만유의 본원이요, 제불제성의 심인이요, 일체중생의 성품인 법신불 '일원상(○)'에 뿌리를 두고 신앙문과 수행문을 나란히 세웠다. 일원상을 드러낸 것도 일원상을 또 하나의 형이상학적 실재나 초월적 존재로 받들자는 게 절대 아니다. 그것을 통해서 진리를 직접 드러내기 위함이다. 일원상을 통해 진리를 직접 드러내고, 일상의 경계에서 사실적으로 공부할 수 있도록 법신불 일원상을 신앙의 대상으로 삼은 것이다. 그런 점에서 소태산은 스스로 자신(소태산)을 신앙의 대상으로 삼지 말라고 일렀다.

일정강점기 암흑기에 미륵불과 그의 용화회상을 바라고 구하는 민중이 적지 않았다. 소태산을 미륵불이라고 생각하는 제자들도 많았다. 미륵불은 미래불이다. 과거불인 연등불이 석가불에게 수기(受記)를 주었듯이, 석가불은 미륵불에게 미래의 부처로서 수기를 주었다. 미륵불은 도솔천에 머물다가 56억 7,000만 년 뒤 이 땅에 내려와 3번의 설법을 해서 중생을 구제한다고 전한다. 이때 펼쳐진 정법 세계가 '용화회상'이다. 56억 7,000만 년이라는 기간은 중생이 상상할 수 없는 무한의 시간이다. 미륵불 신앙에는 언젠가 미륵불이 이 땅에 와서 용화회상을 펼쳐질 것이라는 희망을 담고 있다. 그러므로 세상이 어렵고 삶이 힘겨울 때, 흔히 말법시대라고 한다면, 새로운 정법을 펼칠 미륵불이 올 것이라는 희망을 품게 된다. 구한말과 일제강점기에도 미륵불을 기다리는 이들이 많았다.

미륵불은 어떠한 부처이고 용화회상은 어떠한 회상인가? 최도화의 물음에 소태산은 "미륵불이라 함은 법신불의 진리가 크게 드러나는 것"이라고 답했다. 이어서 "용화회상이라 함은 크게 밝은 세상이 되는 것이니, 곧 처처불상(處處佛像) 사사불공(事事佛供)의 대의가 널리 행하여지는 것"이라고 덧붙였다. 그리고 그 첫 주인은 누구인가 하는 정세월의 질문에는 "하나하나 먼저 깨치는 사람이 주인(『대종경』「전망품」 16장)"이라고 말했다.

소태산은 미륵불이 어느 한 성자만을 뜻하는 게 아니라 '법신불의 진리가 크게 드러나는 것'이라고 했다. 이 말의 뜻을 헤아리려면 색신과 법신 개념을 이해해야 한다. 붓다(석가모니) 열반 이후 불신(佛身)에 대한 논의 과정에서 색신과 법신의 구분이 생겼다. 색신은 화신이고 응신을 말한다. 제도할 중생에 응하여 천백억 화신으로 그 모습을 나타낸다. 80세의 생애 동안 48년 간 설법한 석가불은 응화신이다. 하지만 붓다는 성도의 순간 이미 법신과 합일한 이후 한 순간도 법신을 떠난 적이 없다. 법신은 진리 자체로서 색신(화신)을 통해 그 모습을 드러낼 뿐이다. 다시 말해 모든 현상은 법신(진리 자체)이 드러난 모습일 뿐이다. 미륵불도 진리(법신불)를 크게 드러내주는 부처이다. 소태산이 말한 미륵불은 이 진리(법신불)를 깨친 사람을 말하고, 용화회상은 그 진리(법신불)가 크게 드러나서 크게 밝아진 세상을 말한다. 이러한 뜻은 서대원이 「미륵불 세계」(『회보』제32호)에서 소개한 소태산의 설법에도 전한다.

> "미륵불이라 함은 글자 그대로 온 세상에 부처가 다북 찼다는 말이니, 천지만물 허공법계를 다 생불(生佛)과 같이 위하는 시대를 일러 미륵불 출세라 하나니라. 천지만물 허공법계를 다 생불로 위하는 시대에는 인지가 훨씬 밝아져서 모든 것에 상극이 없어지고 허실양단(虛實兩端)을 분간하여 저 등상불에게만 수복을 빌고 원하던 일

은 차차 없어지고 천지만물 허공법계를 망라하여 경우와 처지를 따라 모든 공을 심어 부귀도 빌어가며 자손도 빌어가며 수명도 빌어가며 재앙도 없애 달라고 빌어가며 병도 없애 달라고 빌어가며 서로 생불이 되어 서로 제도하며 서로서로 부처의 권능을 갖은 줄 알아 집집마다 부처가 살게 되리라."

생각만 해도 가슴이 벅차다. 온 세상에 부처가 가득 찬 세상, 집마다 부처가 사는 세상이 미륵불 세상이다.

"또 용화회상이라는 말은 넓고 큰 회상을 이름이니, (…중략…) 만일 이 용화회상이 건설되는 세상에는 불법이 천하에 편만하여 중과 속인의 차별이 없어지고 법률과 도덕이 서로 구애되지 아니하며 공부와 생활이 서로 구애되지 아니하고 남녀노소 선악귀천 간에 고루 그 덕화를 입어 화피초목(化被草木) 뇌급만방(賴及萬方)하는 평등 원만한 세상이 되리라."

법문을 직접 받아 쓴 서대원도 이 설법을 듣고 시원한 생각이

들었다면서 "이 이치를 철저히 깨친다면 날마다 날마다 미륵불을 친견할 수 있고 날마다 날마다 용화세계에 살 수 있다"라고 했다. 이는 곳곳이 부처(처처불상)이니, 일마다 불공(사사불공)하자는 취지와 맥락을 같이 한다.

법신불은 현실과 괴리된 초월적이고 형이상적인 대상이 아니다. 진리 그 자체로서 모든 현상을 통해 그대로 현현(顯現)한다. 『화엄경』에서 하나의 티끌이 수미산 전체와 같다는 것은 붓다가 성도하여 분별없는 깊은 선정의 상태에서 그대로 법신불의 광명으로 무량설법을 하는 모습이다. 집마다 부처가 있다는 말도 우리 자신을 포함하여 우리 곁에 살아가고 있는 모든 존재가 지금 모습 그대로 법신불의 현현이고 일원상 그 자체임을 말한다. 그러므로 신앙적으로는 우주만유가 다 부처 아님이 없다. 이 점에서 처처불이 곧 법신불이다. 이미 보리수 아래에서 중생제도를 다 마친 것이다. 도솔천을 떠나지 않고 왕궁가에서 태어나 녹야원(鹿野苑, 초전법륜지)에서 발제하(跋提河, 열반지)에 이르기까지 일찍이 한 번도 설한 바가 없다. 한 법도 설한 바 없이 중생제도를 다 마친 것이다.

곳곳에 부처(처처불)이니 오직 불공할 뿐이다. 제도할 중생이 따로 있지 않다. 그리고 한 사람 한 사람 먼저 깨친 사람이 미륵불이다. 가장 먼저 깨친 사람이 미래 회상의 주세불인 미륵불이다. 이제 깨달음의 시대, 영성의 시대를 맞이하여 모두가 이 자리(법신불)를 깨쳐서 미륵불이 될 수 있다. 부처의 눈에는 부처만 보일 뿐이다. 심봉사가 눈을 떴을 때, 세상 모든 봉사들이 모두 눈을 떴다. 모두가 부처가 된 세상이 곧 용화회상이고 광대 무량한 낙원세상이다.

영성혁명의 주체, 정신개벽의 주인공

아직 이 땅의 인류는 수많은 문제를 안고 있다. 과거와 달리 그 어느 때보다 물질에 대한 욕구가 커졌다. 자본주의는 갈수록 심화되고, 인간의 이기적 욕망도 끝이 없다. 개인의 이익을 위해 가족도 버리고, 인종차별과 혐오, 민족의 갈등에 이르기까지 갈등과 반목이 심해지고 있다. 갈등을 풀어가야 할 종교가 오히려 갈등을 조장하기도 한다. 거기에 각종 테러와 전쟁, 생태환경파괴 등은 근대문명의 한계를 여실히 드러내고 있다. 인류는 지구라는 큰 방주에 함께 올라타서 우주를 항해하는 것과 같다.

무한경쟁의 '설국열차'에 올라탄 우리는 이 기차를 어떻게 멈출 수 있을까? COVID-19는 이러한 인류에 큰 경고의 메시지였다. 덕분에 인류는 무한질주를 잠시나마 멈출 수 있었다. 그리고 인류가 나아갈 방향을 다시금 생각해볼 수 있는 기회를 주었다. 진리적으로 볼 때, 오히려 인류에게 큰 선물이었고, 큰 은혜가 아닐 수 없다. 하지만 분명한 것은 이제는 아는 것만으로는 부족하다는 것이다. 한 가지라도 구체적인 실행이 필요하다. 이제는 영적 이해(깨침)만으로는 부족하다. 영적 실행으로 직접 나서야 할 때이다. 그런 점에서 '이 일을 어찌할꼬'가 모두의 의두가 되어야 한다. 각자 과거의 관념과 습관을 잠시 멈추고 '온전한 생각으로 취사하기를 주의'하면서 실행하는 공부가 필요하다. 이제 어떻게 할 것인가?

정신개벽은 곧 영성혁명이다. 미래의 영성은 초월적 영성과 일상적 영성이 함께 갈 필요가 있다. 세계적인 영적 지도자인 달라이 라마는 『종교를 넘어서(Beyond Religion)』에서 종교적 영성과 함께 누구에게나 기본적 영성이 있다고 했다. 기본적 영성이란 누구에게나 영성이 있다는 얘기이다. 종교에 상관없이, 나아가 종교 유무에 상관없이 누구나 영성적이다. 기독교와 불교를 회통하고 영성을 강조한 종교학자 길희성 (1943~2023) 명예교수는 『종교에서 영성으로』라는 저서 제목대로 종교에서 영성으로 나아가야함을 주장했다. 앞으로의 시대는 종교가 영성을 리드해가는 시대가 아니라 영성이 종교를 이끌어가는 시대이다.

그동안 종교는 인류에게 영성을 일깨워주고 영성을 추구할 수 있는 안내자 역할을 했다. 영성의 시대에는 그 역할이 달라져야 할지도 모른다. 종교는 개개인의 영성과 영적 깨달음을 독려하고 이를 현실에 구현하면서 일상생활에서 실천하도록 부단히 노력해야 한다. 종교의 진정한 역할은 여기에 있지 않을까? 그렇지 못한 종교는 그 역할이 점차 축소될 수밖에 없을 뿐만 아니라 성자의 본의나 종교의 가치를 제대로 실현할 수도 없을 것이다.

앞으로도 여전히 종교의 역할이 중요하고 생각한다. 종교는 인류에게 더 나은 유토피아, 더 이상적인 세계에 대한 꿈을 꾸게 했다. 현실에 좌절하거나 안주하지 않고, 수많은 고난을 극복하며 영적으로나 현실적으로 성장할 수 있게 했다. 그렇게 종교는 인류의 진보에 무한 동력을 제공해주었다. 종교는 오랫동안 성과 속, 이상과 현실, 진리계와 현실계를 구분하는 전략을 통해 종교의 가르침을 이 땅에 구현했고, 현실 세계를 제어해왔다.

그러나 이제 시대가 달라졌다. 성속을 구분하는 종교의 이원론적인 전략은 오늘날 그다지 유용해보이지 않는다. 지금 현실에서 과학의 역할이 그 어느 때보다 커졌다. 현실은 더 이상 기존의 종교가 제공해왔던 제도적, 문화적, 관념적 통제에 구속받기를 원하지 않는다. 한때 종교가 세상의 변화를 추동

영성 한류를 꿈꾸며

해왔다면, 이제 세상이 종교의 변화를 추동하고 있다. 이제는 각자가 영성의 주체로 나설 때이다. 그동안 인류의 혁명이 외적 변화에 따른 혁명이었다면, 모든 혁명의 귀결점은 바로 영성혁명 혹은 마음혁명일 것이다.

지금이야말로 인류의 영적 스승 성자들의 본의를 깊이 성찰해볼 때이다. 그들이 지금 이 땅이 다시 오신다면, 어떤 가르침과 어떤 행적을 보일까? 또한 각 종교가 나온 동기를 깊이 반조해보아야 할 때이다. 이 시대에 종교는 어떤 역할을 해야 할 것인가?

두 가지 측면에서 종교의 역할을 살펴볼 필요가 있다. 하나는 과학과 도학(종교)의 관계이다. 과학을 선용(善用, 알맞게 쓰거나 좋은 일에 씀)하는 도학의 역할이 절실히 요청된다. 밖으로 화려해졌지만, 안으로 피폐해졌다. 물질의 세력이 커져갈수록 물질을 선용해야 할 정신의 세력은 갈수록 쇠약해졌다. 이제 물질을 선용할 수 있는 정신의 힘을 기를 때이다. 이를 위해 영성과 일상이 둘이 아닌 생활, 수도와 생활이 둘이 아닌 종교가 필요하다.

앞으로 도학문명과 과학문명을 조화롭게 나아갈 수 있도록 종교계가 역할을 해야 한다. 인간의 현실적 욕구를 반영하는 물질문명은 상상할 수 없을 정도로 발전할 것이다. 과거에 경험하지 못했던 현실계의 낙원[身樂園]이 펼쳐질 것이다. 이에 대응하는 진리계의 낙원[心樂園]이 함께 균형을 갖춘다면, 내외가 겸전(兼全)한 참 문명 세계가 될 것이다. 이를 위해 종교의 근원적 성찰이 요청된다. 하지만 과거로 회귀에 그쳐서는 안 된다. 새로운 종교로 거듭나야 한다. 이를 통해 안으로 종교의 근본 가르침을 더욱 드러냄과 동시에 밖으로 제도적, 문화적, 관습적 틀을 벗어나는 과감한 혁신이 필요하다. 그리하여 물질의 세력을 선용할 수 있는 정신세계의 역량을 갖추어가는 데 종교계가 깊은 관심을 가져야 한다.

달라진 시대에 필요한 종교의 역할 중 다른 하나는 대사회적인 역할로 종교 간 화합이다. 대표적으로 정치와 종교의 관계를 생각해볼 수 있다. 소태산은 인류의 행복을 위해 종교의 역할을 분명히 했는데, 정치와 종교를 한 가정의 엄한 아버지와 자비로운 어머니에 비유했다.

> "종교와 정치는 한 가정에 자모(慈母)와 엄부(嚴父)같나니 종교는 도덕에 근원하여 사람의 마음을 가르쳐 죄를 짓기 전에 미리 방지하고 복을 짓게 하는 법이요, 정치는 법률에 근원하여 일의 결과를 보아서 상과 벌을 베푸는 법이라, (…중략…) 자녀의 행과 불행은 곧 부모의 잘하고 못하는 데에 있는 것과 같이 창생의 행과 불행은

곧 종교와 정치의 활용 여하에 달려 있는지라

제생 의세를 목적하는 우리의 책임이 어찌 중하

지 아니하리요."

-『대종경』「교의품」36장

한 가정에 자녀의 행과 행불이 부모에 달려 있듯이 인류의 행과 불행도 정치와 종교의 활용 여하에 달려 있다는 가르침이다.

　정산 송규(원불교 제2대 종법사, 재임 1943~1962)는 해방 이후에 당시 어떤 정치가보다 빨리 『건국론(建國論)』을 지어서 정치요인들에게 전했다. 종교가로서는 매우 이례적인 일이 아닐 수 없다. 그리고 일제강점기에 해외로 흩어졌다가 해방을 맞이하여 귀국하게 된 동포들을 위한 구호사업인 전재동포 구호사업(戰災同胞救護事業)에도 적극적으로 참여했다. 당시에 좌우의 대립이 적지 않을 때였고, 원불교가 좌냐 우냐 하는 말도 없지 않았다. 하지만 정산은 이를 종교의 대의를 모르는 말이라고 하면서 "종교 즉 도덕은 정치의 체가 되고 정치는 도덕의 용이 될 뿐이니라. (…중략…) 정치의 근본은 도덕이요 도덕의 근본은 마음이니, 이 마음을 알고 이 마음을 길러 우리의 본성대로 수행하는 것이 우리의 본분이며 소임(『정산종사법어』 「국운편」 27장)"이라고 말했다.

또한 "종교의 귀일처는 일원(一圓)이요, 정치의 표준은 중도(中道)니, 일원의 진리를 깨닫고 그 진리를 해석해 보면 모든 진리의 귀일할 곳이 일원임을 알게 될 것이며, 정치의 도에 여러 조건이 많으나 모든 정치의 요점을 세상에 맞도록 종합하면 과불급 없는 중도 정치라야 능히 모든 정치의 표준이 될 것이니, 종교가 일원에 돌아오고 정치가 중정이 되어야 시끄러운 이 세상이 안정될 것이며, 앞으로 세상이 밝아질수록 일원과 중정의 법이 차차 세상에 서게 되리라(『정산종사법어』「도운편」9장)"하며 종교와 정치와 관계를 체와 용으로 밝혔다. 그리고 '일원은 진리의 체(體)'이고 '중정은 진리의 용(用)'이라 해서 진리적 관점에서 종교와 정치의 관계를 분명히 했다.

정산은 일제강점기와 해방 전후의 어려운 시국에서도 종교가로서 소임을 다했다. 진리의 체를 바로 세우고 정치가 바로 갈 수 있도록 지도했다. 도학을 발전시켜 과학을 선용하여 정신문명과 물질문명이 함께 조화를 이루는 것처럼, 종교와 정치가 인류의 행복을 위해 정교동심(政敎同心)의 입장에서 종교의 역할을 재고해보아야 한다.

또 정산은 1961년 삼동윤리(三同倫理)를 발표하면서 '앞으로 세계 인류가 크게 화합할 세 가지 대동(大同)의 관계를 밝힌 원리'라고 강조했다. 정산은 삼동윤리를 통해 세계의 모든 종교와 교회가 본래 하나의 근원임을 강조했다. 그러니 세계의 모든 교회가 한 집안처럼 융통하자고 주창했다. 다시 말해 세계의 모든 인종과 생령은 본래 하나의 기운으로 연계된 동포인 것을 알아서 한 가족(권속)처럼 화목하자는 것이며, 세계의 모든 사업과 주장이 본래 동업(同業)임을 깨달아서 한 살림을 하자는 것이다. 정산은 이 세 가지 대동 화합의 윤리는 앞으로 인류가 함께 지켜가야 할 보편윤리가 된다고 했는데, 이는 소태산의 정신개벽을 좀 더 구체화시킨 것이다. 정산은 이 삼동윤리로써 최후의 게송을 삼았다.

> "한 울안 한 이치에
> 한 집안 한 권속이
> 한 일터 한 일꾼으로
> 일원세계 건설하자"

정산의 뒤를 이어 법통을 계승한 대산 김대거(大山 金大擧, 1914~1998)도 소태산과 정산의 정신 이어받아 '하나의 세계' 건설을 강조했다. 그는 심전계발운동, 공동시작개척, 종교연합운동의 세계평화 3대 제언을 제시했다. 대산은 1970년 일본에서 열린 제1차 세계종교자평화회의(WCRP)에 대표단을 보내이 제언을 발표하면서 특히 종교연합(UR: United Religions)의 필요성을 강조했다. 인류의 평화와 행복을 위해서는 국가연합

(UN)과 함께 종교연합(UR)이 있어야 한다는 것이다. 소태산이 정치와 종교를 엄부와 자모로 표현했듯이 인류의 영육의 무지·빈곤·질병을 타파하기 위해서 종교연합이 절실히 요청된다.

소태산은 각 종교가 한 근원이고 한 형제와 가족처럼 "인지가 훨씬 개명되고 도덕의 빛이 고루 비치는 날에는 모든 교회가 한 집안을 이루어 서로 융통하고 화합하게(『대종경』「전망품」13장)"될 것이라고 했다. 정신개벽은 개인의 영적 성숙에 한정되지 않는다. 개인의 영적 성숙을 통해 각자의 마음이 부활하게 되면, 성자의 본의가 살아나서 성인이 부활하고, 성자의 본의가 살아나면 각 종교가 새롭게 거듭나서 회상이 부활하고, 각 종교가 새로워지면, 그 가르침이 일상에까지 사실적으로 적용되므로 도덕이 부활하게 된다. 그리고 도덕이 부활하여 모든 종교가 한 집안처럼 넘나들고 서로 융통하게 된다면, 세계가 부활이 되는 것이다. 그러므로 정신개벽은 영성혁명이고, 세계부활의 길이다.

지금 우리에게 소태산이란?

소태산 박중빈! 원불교를 창시한 대종사다. 법통을 이은 수제자 정산종사는 그를 '원각성존(圓覺聖尊)'이라 존칭했고, '백억화신(百億化身)의 여래(如來)'요 '집군성이대성(集群聖而大成)'이라 추모했다. 혹자는 그를 미륵불, 혹은 주세불로 높였다. 반면에 '평범한 성자'라 칭하는 이들도 있다.

그는 우리가 살고 있는 이 시대와 그리 멀지 않은 시기에 우리 곁에 함께 했던 이 땅의 성자이다. 그는 일상수행을 중시했고, 깨달음의 실천을 강조했다. 실제 "수도와 생활이 둘 아닌 산 종교(『정전』「영육쌍전법」)"를 몸소 구현하고자 헌신했다. 1891년에 영광에서 태어난 그는 일찍부터 우주와 인간에 대해 의문을 품었으며, 1916년 26세에 깨달음을 얻었다. 28년간 가르침을 펼쳤으나, 해방을 두 해 앞둔 1943년 열반에 들었다. 세수 53세였다. 그는 구한말에서 광복 이전까지 근대기에 가장 어려웠던 격동의 시기를 살았다. 외세의 강압 속에 나라의 앞날을 걱정하고, 민중의 아픔을 함께 고뇌했다. 이 시대를 살아야 했던 이들에게 크고 작은 걱정과 고뇌가 어찌 없었을까? 다만 그의 진단과 해법은 무언가 달랐다.

소태산은 우리의 시대를 물질이 개벽된 시대로 진단했다. 오늘날 과학기술과 정보통신의 급속한 발달, 자본주의의 심화는 인류를 끝없는 무한경쟁으로 내몰고 있다. 이전에 경험하지 못했던 물질적 풍요로 정신문명과 물질문명의 불균형은 심화되고 인류 개개인의 생존은 물론 지구 전체의 운명마저도 위태로울 지경에 이르렀다. 소태산은 이러한 불균형을 바로잡고자 정신개벽을 해법으로 제시했다. 그것은 구호에 그치지 않고 구체적인 실천으로 나타났다. 대각 이후 제자들과 저축조합을 결성해 맨 먼저 허례폐지, 금주단연, 공동출역 등으로 자금을 마련했으며, 그 자금으로 영광 길룡리의 버려진 간석지를 개간하여 경제적 기초를 닦았다. 3·1 만세운동을 접하며 '개벽을 재촉하는 상두소리'라고 부르고 창생을 위해 죽음을 각오한 사무여한(死無餘恨)의 기도 정성으로 법계의 인증을 받았다. 이로써 회상 창립의 정신적 기초를 다졌다.

이후 변산에서 불법(佛法)의 주체를 사은·사요와 삼학·팔조의 교리 강령을 제정하고, 익산에서 '불법연구회'를 통해 공부와 생활, 일과 이치가 둘 아닌 공동체 건설에 매진했다. '일원상(○)'으로 모든 종교의 가르침을 하나로 통하게 하고 신앙, 수행, 생활 모든 방면에 균형과 조화를 통해 불교혁신과 예법혁신 등 새로운 종교운동을 전개했다.

어느새 소태산의 탄생, 대각, 그리고 열반 후 100년을 훌쩍 넘겼다. 종교사에서 100년은 그다지 긴 시간이 아닐지 모른다. 그 사이에 대통령 국장에 참여하고 군종장교가 승인되는 등 국내에서 원불교는 4대 종교로 언급되곤 한다. 해외에서도 모든 대륙에 걸쳐 24개국 90여 개의 교당과 기관은 물론, 미국의 펜실베니아 주정부의 공인을 획득한 대학원을 운영하고 있다. 하지만 여전히 소태산도 원불교도 생소하다. 그는 여전히 낯설고 교단도 아직 그 역사나 규모, 신도 등 모든 면에서 기성종교들과 비교조차 안 될 정도이다. 역사 시험을 위해 잠깐 보는 것 외에는 우리의 인생과 별 상관없을 것만 같다. 하지만 이 시대를 살아가는 우리는 간고한 일제강점기에 그가 구현했던 그의 가르침과 이상적 공동체에 다시금 관심을 가져볼 필요가 있다.

개인적으로 나는 태어나면서부터 '원불교'에 입교했다. 요즘도 그렇지만 50여 년 전에는 원불교를 아는 이가 거의 없었다. 그러니 원불교 집안에서 태어난다는 것은 극히 드문 일이었다. 어린 시절 부모님을 따라 원불교 광주교당에 다녔다. 아침에 눈을 뜨면, 항상 불단 앞에서 아침 기도와 좌선(명상)으로 하루를 시작하시는 아버지의 모습을 보았다. 작은 불단 위에는 『원불교전서』와 함께 작은 수첩이 있었다. 그 수첩의 색깔은 파란색(보통급)에서 초록색(특신급)으로 다시 흰색(법마상전급)으로 변해갔다. 나중에 알고 보니 그 작은 수첩은 '상시일기장'이었고 수첩의 색깔은 법위의 등급을 나타냈다. 그렇게 매일 상시일기를 통해 일상의 공부를 쉬지 않았다.

소태산 대종사와의 첫 만남은 법당에 걸린 영정을 통해서다. 법당의 중앙에는 일원상(○)이, 오른쪽 한편에는 소태산

의 영정이 걸려 있다. 일원상은 부처님의 마음을 형상화한 것
인데, 우리의 본래 마음을 상징하기도 한다. 소태산은 먼저 진
리를 깨쳐 알려준 스승님이다. 처음 마주한 소태산의 영정은
신기하게도 어디에 있든지 나만을 바라보고 있는 것 같았다.
자비로운 성안이 좋았지만, 때로 엄하게 느껴져서 무서운 마
음이 들 때도 있었다. 소태산의 첫인상은 한마디로 엄부와 자
모를 두루 갖춘 모습이랄까.

어린 시절부터 법회는 열심히 다녔지만, 솔직히 기억나
는 법문은 별로 없다. 법회 전에 TV도 보고, 법회 후에는 놀이
터에서 신나게 놀고 짜장면까지 먹었다. 그렇게 매주 교당을
다니며, 그래도 경종 치고 목탁 치는 재미가 있었는지 어린이
회 회장까지 맡았다. 우연한 계기로 초등학교 5학년 역사 수
업 때 친구들에게 원불교를 소개하게 됐다. 당시 역사책에는
원불교가 겨우 한 문장으로 언급되어 있었을 뿐이었는데, 선
생님이 갑자기 원불교를 소개해보라는 것이었다. 어찌 되었
든 광주교당 어린이회 회장으로서 제법 그럴싸하게 소개했던
모양이다. 이후 선생님과 5학년 교실을 돌면서 원불교를 소개
하고 다녔다. 아마도 교당 밖에서 전혀 모르는 이들에게 원불
교 이야기를 한 것은 이때가 처음이었던 것 같다. 이 일로 나
는 원불교를 다닌다는 게 특별하다고 인식하게 되었으며, 원
불교를 제대로 알리고 싶다는 사명감 같은 것을 가지게 되었

던 것 같다.

　매주 법회와 교당 행사 참여는 너무 당연한 일이었지만, 원불교를 의식하거나 별도의 수행을 찾아 하지는 않았다. 다만 본의 아니게 전교에서 한 명뿐인 걸어 다니는 원불교가 되었다. 고등학교 때는 절친이었던 반장 덕분에 반 친구의 절반이 교당에 나온 적도 있었다. 함께 탁구도 치고 수련회도 갔다. 광주 지역 원불교 학생회원들이 함께했던 '빛고을예술제'에 교당 대표로 참여하기도 했다. 대학에 와서도 원불교동아리에 참여했으며 서울 지역 혹은 전국원불교대학생연합회 활동도 제법 열심히 했다. 그리고 가톨릭, 개신교, 불교 등 종교 동아리연합으로 진행된 농활도 함께 참여했다. 각종 집회에도 흰 바탕에 동그라미(○)만 크게 그린 '일원상' 깃발을 들고 참여했다. 정의실천을 중시하는 원불교의 정신에 따라 민주화의 대열에도 적극적으로 동참했다.

　그러다가 늦게 입대한 군 말년, 폐결핵에 걸려 통합병원에 후송을 가는 신세가 되었다. 심하게 기침하고 각혈을 할 때는 죽음의 공포마저 느꼈다. 두려움에 떨기보다는 당당하게 맞서고 싶었다. '진리의 뜻대로 살게 하시옵소서!' 난생처음 간절한 기도를 올렸다. 그렇게 6개월 요양하는 도중 대산종사를 뵙게 되었다. 그는 소태산의 제자로서 정산에 이어 원불교 3대 종법사를 역임했다. 그날 대산종사는 나를 그냥 바라볼 뿐이었다. 그의 태양보다 더 따스한 기운에 묵은 업장이 눈 녹 듯 녹아내렸다. 대중들 앞에서 엉엉 소리 내며 얼마나 울었는 지 모른다. 잊을 수 없는 그 경험은 미리 정해놓았던 운명처럼 나를 원불교 전무출신의 길로 이끌었다.

안양의 외가댁에서 요양 중이었기에 가까운 안양교당을 찾았다. 안양교당 몽타원 변성묵 교무님을 스승님으로 모시 고 지도를 받았다. 그 인연으로 지금까지 무사히 전무출신을 할 수 있었다. 이후 소태산의 탄생지에 있는 영산선학대학교 에서 수학했다. 한 겨울 영산에 첫 발을 내디뎠을 때, 따뜻한 해풍이 나를 맞아주었다. 기회가 있을 때마다 소태산의 탄생, 구도, 입정터, 대각지, 기도터, 그리고 둑을 막았던 현장, 구인 제자의 기도봉 등을 샅샅이 찾아다녔다. 그렇게 소태산 대종 사와 마음을 연했다. 소태산 대종사를 비롯해 수많은 스승님 들을 만나고, 경전을 접하고 그 가르침을 새기며 가정, 직장, 사회, 그리고 인류가 안고 있는 수많은 문제들에 둘러싸인 일 상의 경계에서, '이 일을 어찌할꼬'하는 의문을 품으며 모두가 부처인 세상, 모두가 은혜인 세상을 위한 한 걸음씩 영적 여정 을 이어간다.

어쩌면 이러한 과정들은 너무도 개인적인, 원불교와 태 생적 인연에 기인한 나만의 특수한 경험일지 모르겠다. 모든 영적·종교적 체험은 지극히 개인적이지 않을 수 없다. 그러나 영적 여정에 있어서 그 체험은 매우 보편적인 것과 맞닿아 있다. 영적 체험은 우리 자신이 더 큰 세상과 연결되어 있으며, 엄청난 사랑과 큰 은혜 속에 살아가고 있음을 일깨워준다. 우리가 살아가는 특수한 삶의 현장 곳곳에서 보편적인 진리를 만나게 된다.

광주에서 초등학교를 다닐 때, 5·18 민주화운동을 겪었다. 어린 나이였지만, 장갑차를 앞세운 공수부대가 마을 한 가운데를 지날 때는 하늘도 땅도 사람도 모두 생기를 잃은 듯했다. 그 억압적 느낌이 여전히 가슴에 아픔으로 남아 있다. 당시 상황을 누구도 말하지 않았기에 그 진실은 대학에 와서야 조금이나마 알 수 있었다. 이때부터 5·18은 더 이상 한 개인의 특수한 경험에 한정되지 않았다. 그것은 이 시대를 살아가는 모든 이들의 아픔이자, 민주화로 나아가는 여정에 하나의 보편적 경험이 되었다. 5·18 계엄군을 대상으로 증언과 치유 프로그램을 진행할 기회가 있었다. 광주 태생으로 피해자의 처지에서만 생각했었는데, 당시 광주에 투입된 계엄군들도 40여 년이 넘도록 상처를 안고 살아왔음을 알게 되었다. 민중의 아픔은 훨씬 다양한 곳에서 다양한 방식으로 진행되었음을 알 수 있었다.

개인적인 반목과 질투, 지역 간, 계층 간, 세대 간, 인종 간, 민족 간 갈등과 분열, 그리고 전쟁과 파괴 등은 모두 내 안의 분별과 주착에서 비롯되는 것이다. 이를 극복하기 위해서는 우리 모두 내 안에 현상 세계에 대한 생각의 틀(분별성)과 그것에 집착하는 마음(주착심)을 내려놓고 분별없는 자리, 즉 각자의 성품(본성) 자리, 누구나 다 같은 평등한 자리를 회복하고 하나로 만나기를 희망해 본다. 그리고 우리가 몸담은 가정, 사회, 국가, 세계가 모두 사랑, 자비, 은혜로 가득한 참 극락, 천국, 낙원이 되도록 감사와 보은의 삶을 살아가길 염원해 본다.

태생적 인연으로 시작된 소태산과의 만남이지만 그것이 이 시대를 살아가는 이들의 아픔과 함께 할 수 있다면, 소태산의 가르침도 인류의 영적 스승들이 지향했던 보편적 가치로 드러날 것이다. 우리는 소태산을 통해 다시 붓다를 만나고 공자, 노자, 예수, 무함마드를 만나고 가까이 수운과 증산 등을 만날 수 있다. 어떤 특수성도 보편성을 통해서 진정 특별한 가치가 있음을 알게 되듯이 특수한 개인의 영적 체험이 넓게 보면 인류 보편의 영적 성장과 무관하지 않을 것이다.

소태산을 '평범한 성자'라 부르는 이유는 소태산의 성자다움이 바로 평범한 일상에서 그 진면목을 드러내기 때문이다. 소태산은 깨달음을 얻고 『금강경』을 열람하고는 석가모니를 '성인 중의 성인'이라고 인정하며 그를 자신의 연원(淵源)을 삼았다. 석가모니와 소태산이 3,000년의 시공을 초월해

한 자리에서 다시 만난 것이다. 비록 살았던 시대와 지역, 언어와 문화가 다를지라도 깨달은 순간 바로 '공(空)'의 이치, 그 분별 없는 자리에서 서로가 둘이 아님을 소태산은 직감했으리라.

모든 분별이 사라진 그 자리에서 더는 성(聖)과 속(俗)의 구분은 무의미하다. 민중의 고통스러운 일상생활을 떠난 성스러운 삶, 현실적 가치를 배제한 종교적 가치가 과연 무슨 의미가 있을까? 더 이상 평범함과 비범함, 속됨과 성스러움, 현실과 영성은 둘이 아니다. 그래서 소태산은 앞으로의 종교는 '수도와 생활이 둘 아닌 산 종교'라야 한다고 한 것이다. 이제 수천 년 우리의 의식을 지배해왔던 이분법의 틀에서 벗어날 때가 되었다. 우리의 영성을 현실에서 분리하고, 성스러움을 평범한 일상과 차별했던 그동안의 전략은 더 이상 인류의 영적 진보에 도움이 될 수 없다. 이제 우리는 일상생활과 영적 수련이 조화된 세상이 필요하다.

지난 몇 세기 동안 급속히 진행된 근대서구문명, 과학(물질)문명은 인류에게 무한한 가능성을 제공해주었다. 하지만 그동안 수많은 문제를 양산하면서 스스로 한계에 직면했다. 이제는 오히려 물질이 정신을 압도한다. 지금의 모습을 보고 '파란고해'라 할 사람이 얼마나 될까? 그렇다면 이를 극복할 대안으로써 '정신개벽'에 대한 주장에 얼마나 많은 이들이

공감할까? 오히려 과학의 시대이다. 영성의 시대는 아직 멀게 느껴진다. 각자가 물질의 세력에 휩쓸려가고 있음을 자각하지도 못한 채, 과학적 도구와 물질적 풍요에 취해서 자기착취의 시대를 살아가고 있다. 이제는 더 이상 외적 변화에 끌려가지 않도록 정신을 차려야 할 때이다. 이를 위해 안으로 정신의 주체를 바로 세우고 자신과 세상의 변화를 주도해나갈 영성혁명(마음혁명)의 주체, 정신개벽의 주인공이 필요한 때이다.

전 세계적으로 한류가 열풍이다. 대한민국은 케이팝(K-pop), 드라마, 영화, 태권도, 그리고 한글 등으로 전 세계를 열광시키는 문화강국으로 부상했다. 이미 한국은 흔히 강대국의 기준으로 보는 경제력과 군사력으로도 이미 10대 강국에 진입했다. 그리고 문화강국으로 한 걸음 더 나아갔다. 이제 '도덕강국'으로 나아갈 때이다. 소태산도 이 나라가 '정신의 지도국', '도덕의 부모국'이 된다고 했다. 구한말 외세의 침략과 경술국치를 겪으며 절망의 나락에서 분출되었던 '다시 개벽'의 염원이 오늘날 여전히 큰 아픔과 고통을 겪고 있는 전 세계 인류에게 희망과 용기를 전하는 '영성 한류(Korean Spirituality)'로 이어지길 기대해본다.

그러기 위해서는 오늘날 인류가 겪고 있는 수많은 문제에 대한 근원적 성찰, 통합적 이해, 그리고 실천적 대안이 필요하다. 어느 한 종교가 교리와 제도, 전통과 문화로 영성 한류를 만드는 게 아니다. 모든 종교의 심층은 근원적으로 하나이며, 모든 성자의 본래 뜻도 둘이 아님을 깨달아야 한다. 표층에서도 세상 모든 것이 서로 은혜와 자비와 사랑으로 연결됐다는 사실을 자각해야겠다. 그리고 항상 은혜와 자비와 사랑을 실천하며 살아가면, 머지않아 영성 한류가 현실로 다가올 것이다.

"금강산이 세계에 드러나면, 조선도 새로운 조선이 될 것이다." 소태산의 꿈은 여전히 진행 중이다. 세계적 명산 금강산이 세계에 드러날 때, 세상 사람들이 그 주인을 찾을 것이다. 우리는 모두가 금강과 같은 영성(자성)의 보물을 간직하고 있다. 우리가 각자의 보물인 영성을 잘 드러낼 때, 세상의 모든 병폐를 바로 잡고, 도학과 과학이 조화된 참 낙원 세계로 모두를 이끌 수 있는 정신개벽의 주인공이 될 것이다.

앞으로도 뜻있는 모두가 소태산 그리고 세상의 모든 성자들과 함께 손잡고 동행하는 파수공행으로 이 영적 여정을 계속하기를 염원한다.

별첨1. 『수양연구요론』 「각항 연구 문목」, 1927.

원불교 초기교서 중 『수양연구요론』(1927년)에서 실린 137개
의 문목(問目) 내용이다. 현재 『정전』 수행편 「의두요목」에는
20개의 의두가 수록되어 있다. 소태산은 곧바로 의두를 연마
하기 보다는 경전과 법규 연습을 대강 마친 사람에게 의두 연
마하기를 주의하도록 했다.

1. 중생을 살생하면 중죄라 하였으니 연구할 사.

2. 도적질을 하면 중죄라 하였으니 연구할 사.

3. 사사(私邪)로 음탕한 일이 잇고 보면 중죄라
    하였으니 연구할 사.

4. 망령된 말을 하고 보면 중죄라 하였으니
    연구할 사.

5. 밖으로는 비단같이 꾸며내고 안으로는
    불량하면 중죄라 하였으니 연구할 사.

6. 한 입으로 두말을 하면 중죄라 하였으니
    연구할 사.

7. 악한 말을 하고 보면 중죄라 하였으니
    연구할 사.

8. 예 아닌 진심(嗔心)이 나고 보면 죄의 근본을
    이러낸다 하였으니 연구할 사.

9. 술을 과히 먹으면 죄의 근본을 일어낸다
    하였으니 연구할 사.

10. 예 아닌 의복으로 몸을 윤내고 보면 죄의
    근본을 이러낸다 하였으니 연구할 사.

11. 대위(待爲)받을 목적 없이 대위를 받고자 하면
    죄의 근본을 이러낸다 하였으니 연구할 사.

12. 예 아닌 가무(歌舞)와 낭유(浪遊)를 하고 보면
    죄의 근본을 이러낸다 하였으니 연구할 사.

13. 금은보패의 근본을 아지 못하고 금은보패로
    윤을 내고 보면 죄의 근본을 이러낸다
    하였으니 연구할 사.

14. 때 아닌 때 먹기를 좋아하고 때 아닌 때
    잠자기를 좋아하면 죄의 근본을 이러낸다
    하였으니 연구할 사.

15. 일일시시(日日時時)로 자기가 자기를 가르친다
    하였으니 연구할 사.

16. 남의 원(願) 없는 대에는 무슨 일이든지

그 사람의 마음 상하도록 권하지 말고
자기 할 일만 하라 하였으니 연구할 사.

17. 무슨 일이든지 잘못되는 일이 잇고 보면 남을
원망하지 말고 자기 일만 살펴라 하였으니
연구할 사.

18. 나 못 당할 일은 남도 못 당한다 하였으니
연구할 사.

19. 무슨 일이든지 서로 생각해주고 서로
공경하라 하였으니 연구할 사.

20. 연구자는 부당한 일이 있거든 아무리 하고
싶어도 죽기로써 안할 일이라 하였으니
연구할 사.

21. 연구자는 당연한 일이 있거든 아무리 하기
싫어도 죽기로써 하라 하였으니 연구할 사.

22. 혹 사람이 남의 시비(是非)는 드러내되 내
시비는 감추는 것이 무슨 일인가 연구할 사.

23. 혹 사람이 내 것은 중히 알지마는 남의 것은
중히 알지 아는 것이 무슨 일인가 연구할 사.

24. 혹 사람이 잎으로는 착한 말을 하면서도
행실은 그와 같이 안 되는 것은 무슨 일인가
연구할 사.

25. 혹 사람이 바른대로 하난 말을 들으면 귀에
    거슬리는 것이 무슨 일인가 연구할 사.

26. 일체 중생 섬기기를 생불(生佛)같이 하라
    하였으니 그 이치를 연구할 사.

27 솔성(率性)을 위하여여 도(道)라 하였으니
    어찌하면 솔성인지 연구할 사.

28. 내가 도(道)를 닦는 것이 남을 가르침이라
    하였으니 어찌 하여서 그러한지 연구할 사.

29. 외면으로만 지식이 많으면 도(道)를 행치
    못한다 하였으니 연구 할 사.

30. 외면으로만 착한 행실이 있고 보면 도(道)가
    밝지 못한다 하였으니 어찌하여 그러한지
    연구할 사.

31. 선(善)도 대소(大小)가 있으니 어찌 하여서
    그러한지 연구할 사.

32. 악(惡)도 대소가 있으니 어찌 하여서 그러한지
    연구할 사.

33. 도(道)도 대소가 있으니 어찌 하여서 그러한지
    연구할 사.

34. 덕(德)도 대소가 있으니 어찌 하여서 그러한지
    연구할 사.

35. 사람의 마음이 오직 위태하다 하였으니
    연구할 사.

36. 혹 사람이 부귀를 하고자 하되 행(行)하는
    땅에는 죽고 망하는 대로 들어가니 어찌하여
    그러한지 연구할 사.

37. 공부자는 「불리자성왈공(不離自性曰工)」이라
    하였으니 어떠한 것이 「불리자성」인지
    연구할 사.

38. 부처님 말씀에 「공부자는 위의로 네 가지
    중대한 은혜를 갚아야 한다」 하셨으니
    그 은혜를 알아 그 은혜를 갚기로 하면
    그 은혜를 연구할 사.

39. 부처님 말씀에 「공부자는 아래로 세 가지
    악도(惡塗)에 떨어진 중생을 제도하라」
    하셨으니 어찌하여야 제도할지 연구할 사.

40. 대인(大人)은 천지로 더불어 그 덕(德)을
    합하고, 일월(日月)로 더불어 그 광명(光明)을
    합하고, 사시(四時)로 더불어 그 차서(次序)를
    합하고, 귀신(鬼神)으로 더불어 그 길흉(吉凶)을
    합한다 하였으니 어찌하면 그러한지
    연구할 사.

41. 음부경(陰符經)에 가라대 「사람이 살기(殺氣)를
    발하면 천지가 반복(反覆)한다」 하였으니
    어찌하여 그러한지 연구할 사.

42. 음부경에 가라대 「사람은 만물의 도적이라」
    하였으니 어찌하여 그러한지 연구할 사.

43. 음부경에 가라대 「성정(性情)의 공교(功巧)하고
    졸(拙)한 것을 가히 써 없애라」 하였으니
    어떠한 것이 공교한 것이며 어떠한 것이
    졸한 것인지 연구할 사.

44. 산무도적(山無盜賊)하고 도불습유(道不拾遺)
    하면 태평세계(太平世界)라 하였으니
    어찌하여야 그러할지 연구할 사.

45. 세상은 쇠(衰)하고 도심(道心)은 없어진다
    하였으니 어찌하여 그러한지 연구할 사.

46. 부처님은 왕궁 태자로 무슨 원(願)이 또 있어서
    천자위(天子位)를 마다하시고 입산수도
    (入山修道) 하셨는지 연구할 사.

47. 일만법(一萬法)을 통(通)해다가 한 마음을
    밝히라 하였으니 연구할 사.

48. 세상 말이 죽은 사람이 살아난다 하니
    적실(的實)히 그러한지 연구할 사.

49. 천상에 상제님이 있어 풍운우뢰설상
(風雲雨雷雪霜)과 중생의 길흉화복(吉凶禍福)을
판단한다 하니 적실히 그러한지 연구할 사.

50. 명부(冥府)에 시왕(十王)이 있어서 중생의
복(福)의 경중과 죄(罪)의 경중을 일일이
조사하여 상벌을 잇게 한다 하니 적실히
그러한지 연구할 사.

51. 사람의 귀신이 있는데, 어떠한 것이 귀신인가
연구할 사.

52. 세상에 난(亂)이 나면 피난처가 있다 하니
어떠한 것이 피난처인가 연구할 사.

53. 세상 말이 명당(明堂)이 있어서 그 명당을 얻어
조여부모(祖與父母)의 백골을 안보(安保)하면
자손도 생기고 부귀공명이 절로 된다 하니
적실히 그러한지 연구할 사.

54. 천당이 있고 극락이 있다 하니 어떠한 곳이
천당과 극락인가 연구할 사.

55. 지옥이 있다 하니 어떠한 곳이 지옥인지
연구할 사.

56. 모든 사람이 모든 귀신을 위하여 모든
정성으로 제사하면 귀신이 흠향(歆享)한다

하니 적실히 그러한지 연구할 사.

57. 모든 사람이 등상불을 향하야 모든 정성과
모든 전곡으로 공(功)을 바치며 비난 말이
「재앙은 없어지고 없든 자손이 생겨나며
수명복록(壽命福祿)으로 만세유전(萬歲遺傳)
하게하여 주옵소서」하니 적실히 그러한지
연구할 사.

58. 사람이 죽어서 혹 짐승 되는 수도 있다 하니
적실히 그러한지 연구할 사.

59. 짐승이 죽어서 혹 사람이 되는 수도 있다 하니
적실히 그러한지 연구할 사.

60. 세상에 생사가 있는데 부처님 말씀에는
생사가 없다 하셨으니 적실히 그러한지
연구할 사.

61. 세상에 여러 도(道)가 있는데, 어떠한 도가
참 도인가 연구할 사.

62. 세상에 사람이 있는데 어떠한 사람이 제일 큰
사람인가 연구할 사.

63. 사람의 직업이 있는데 어떠한 직업이 제일 큰
직업인가 연구할 사.

64. 사람에게 운수가 있는데 어디로 쫓아오는지

연구할 사.

65. 세상에 때가 있는데 어디로 쫓아오는지
연구할 사.

66. 부귀라 하는 것은 어디로 쫓아오는지
연구할 사.

67. 빈천이라 하는 것은 어디로 쫓아오는지
연구할 사.

68. 사람을 믿지 말고 그 법(法)을 믿으라 하였으니
연구할 사.

69. 어떠한 사람은 얼굴이 단정하고 몸에 병도
업고 다른 사람의 존대함을 받는지 연구할 사.

70. 어떠한 사람은 얼굴이 추하고 몸에 병도 잇고
다른 사람의 더러움을 받는지 연구할 사.

71. 어떠한 사람은 부모·형제·처자가 구비해서
서로 섬기고 서로 의지하야 일생을 경사로
지내는지 연구할 사.

72. 어떠한 사람은 조실부모(早失父母)하고 형제·
처자도 없으며 일생을 고독하게 있어서
한탄으로 세월을 보내는 지 연구할 사.

73. 어떠한 사람은 초년에는 부귀하다가
말년에는 빈천하는지 연구할 사.

74. 어떠한 사람은 초년에는 빈천하다가 말년에는
    부귀하는지 연구 할 사.

75. 어떠한 사람은 효자를 두어서 평생에 몸과
    마음이 편하고 집안을 흥왕(興旺)하는 지
    연구할 사.

76. 어떠한 사람은 불효자를 두어서 평생에 몸과
    마음이 불안하고 집안을 망하는 지 연구할 사.

77. 어떠한 사람은 횡액에 걸려 악사(惡死)하는지
    연구할 사.

78. 어떠한 사람은 평생에 횡액이 없고 원명(元命)
    으로 죽는 지 연구할 사.

79. 고금을 물론하고 성인이 출세하사 혹
    횡액으로 죽은 성인이 있으니 성인은 아지
    못하는 바가 없으며 일체 중생을
    다 구제하는 수단이 있다 하거늘 어찌하여
    당신의 몸은 구제하지 못하였는지 연구할 사.

80. 성인의 말씀에 선(善)하면 복을 받는다
    하셨거늘 혹 현상(現相)에 선인이 빈천하는
    것은 무슨 이치인가 연구할 사.

81. 악(惡)하면 죄를 받는다 하셨거늘 혹 현상에
    악인이 부귀하는 것은 무슨 이치인가

연구할 사.

82. 부처님 말씀에 삼천대천(三千大千)세계가 있다
하니 적실히 있는지 연구할 사.

83. 부처님은 천변만화(千變萬化)를 베풀어 천백억
화신(化身)을 한다 하니, 적실히 그러한지
연구할 사.

84. 부처님은 삼계(三界)에 큰 스승이요 중생의
부모라 하였으니 어찌하면 그러한지
연구할 사.

85. 부처님은 수명 복록의 주인이라 하였으니
어찌하여서 그러한지 연구할 사.

86. 음부경에 가라대「천지는 만물의 도적」이라
하였으니 어지하며 그러한지 연구할 사.

87. 음부경에 가라대「만물은 사람의 도적」이라
하였으니 어찌하여 그러한지 연구할 사.

88. 음부경에 가라대「땅이 살기(殺機)를 발하면
별과 별이 옮긴다」하였으니 어찌하여서
그러한지 연구할 사.

89. 음부경에 가라대「하늘이 살기를 발하면 용과
뱀이 육지에 일어난다」하였으니 어찌하여서
그러한지 연구할 사.

90. 물건의 형체를 단련하여 기운을 만들었다
    하였으니 어찌하면 그러한지 연구할 사.

91. 기운을 단련하여 귀신을 만들었다 하였으니
    어찌하면 그러한지 연구할 사.

92. 부처님이 납월(臘月) 8일에 밝은 별을 보시고
    도(道)를 알았다 하셨으니 어찌하여서
    그러한지 연구할 사.

93. 성신(星辰)은 어떠한 물건인지 연구할 사.

94. 천지 사이에 화(化)해 나는 물건의 얼굴이 각각
    다른 것은 어떠한 이치인가 연구할 사.

95. 일만법(一萬法)이 하나에 돌아간다 하니
    그 하나는 어느 곳으로 돌아가는지 연구할 사.

96. 일만법으로 더불어 짝하지 안한 자가 어떠한
    물건인지 연구할 사.

97. 부처님이 도솔천을 여의지 아니하시고 몸이
    왕궁가에 내리셨다 하셨으니 어찌하여서
    그러한지 연구할 사.

98. 부처님이 비록 어미의 태(胎)중에 있으나
    드디어 중생 제도하기를 마치셨다 하였으니
    어찌하여서 그러한지 연구할 사.

99. 부처님이 영산회상에서 설법하신다 하시고

천이백(千二百) 대중을 향하여 꽃가지를
드시니 가섭은 보고 웃었다 하였으니 어떠한
의지(義旨)인지 연구할 사.

100. 성리송(性理頌)에 가라대 「나에게 한 권 경전이
있으되 조희와 붓으로써 씨지 아니하였으나
항상 광명을 놓는다」 하였으니 그 의지가
어떠한지 연구할 사.

101. 승(僧)이 조주선사(趙州禪師)게 물어 가라대
「개도 또한 불성(佛性)이 있습니까?」한대
조주 답해 가라사대 「없나니라.」 하셨으니,
부처님 말씀에 「준동함영(蠢動含靈)이
다 불성이 있다」 하셨거늘 조주는 무엇을
인(因)하여 없다 하셨는지 연구할 사.

102. 육조경(六祖經)에 가라대 「한 물건이 있으되
넓기로 말하면 천지(天地)를 뒤덮고, 검기로
말하면 칠통 같고, 밝기로 말하면 날빗(햇빛)
같아서 항상 움직여 쓰는 가운데 있나니라.」
하였으니 그 물건이 어떠한 물건인지
연구할 사.

103. 승(僧)이 조주선사에게 물어 가라대
「달마조사(達摩祖師)가 무슨 뜻으로 서역에서

동토로 오셨나니까?」한대 조주 가라사대

「뜰 앞에 잣나무이니라」하셨으니 그 의지를

연구할 사.

104. 임제선사(臨濟禪師)가 황벽선사(黃檗禪師)에게

불법(佛法)의 적실(的實)하고 적실한 큰 뜻을

무른대 황벽이 대답하지 아니하고 곧

일어나서 매 삼십봉(三十棒)을 때렸으니

그 때리는 뜻이 어떠한 뜻인지 연구할 사.

105. 사람이 잠이 들어서 꿈도 없을 때에는

그 아는 영혼이 어느 곳에 있는지 연구할 사.

106. 제자 한 사람이 부처님에게 도(道)의

유무(有無)를 묻는대 부처님이 가라사대

「유(有)라 하야도 도에는 어긋나며,

무(無)라 하여도 도에는 어긋나니라」하셨으니

어찌하여서 그러한지 연구할 사.

107. 위산선사가 제자에게 말씀하여 가라사대

「내가 죽은 뒤에 이 아래 동구 뉘 집에 가서

소가 되여 그 오른 짝 뿔에 '위산 모'라

각하였을 터이니, 그 때에 너희가 그 소를 보고

'위산'이라 하여야 옳을까? '소'라 하여야

옳을까?」하였으니 얻지 하여야 옳을는지

연구할 사.

108. 동경대전에 가라대「나에게 신령한 부(符)가
     있으니, 그 이름은 선약(仙藥)이요, 그 얼굴은
     태극(太極)이요, 또 그 얼굴은 궁궁(弓弓)이라」
     하였으니 그 이치를 연구할 사.

109. 노자 도경(道經)에 가라대「도(道)를 가히
     도라고 할진댄 떳떳한 도가 아니라」하셨으니
     연구할 사.

110. 큰 도가 형상이 없으나 천지를 생(生)하여
     기른다 하였으니 어찌하여서 그러한지
     연구할 사.

111. 큰 도가 정(情)이 없으니 일월(日月)을 운전해
     행한다 하였으니 어찌하여서 그러한지
     연구할 사.

112. 큰 도가 이름이 없으나 길이 만물을 기른다
     하였으니 어찌하여서 그러한지 연구할 사.

113. 도인은 자연의 진리를 알아서 무위이화
     (無爲而化)를 행한다 하였으니 어찌하면
     그러한지 연구할 사.

114. 공자 가라사대「나의 도(道)는 하나로써
     꿰었다」하셨으니 어찌하면 그러한지

연구할 사.

115. 맹자 가라사대 「나는 나의 호연(浩然)한 기운을
잘 기른다」하셨으니 어떠한 것이 호연한
기운인지 연구할 사.

116. 성품이라 하는 것은 어떠한 것이 성품인지
연구할 사.

117. 공부를 하기로 하면 「막착거(莫錯去)」라
하였으니 어떠한 것이 막착거인지 연구할 사.

118. 천지만물이 어느 때에 처음 생겼는지
연구할 사.

119. 대지산천에 초목 수가 몇 나무인가 연구할 사.

120. 음부경에 가라대 「하늘의 도(道)를 보아서
하늘의 행함을 잡으라」하였으니 어찌하면
그러한지 연구할 사.

121. 주야(晝夜)되는 것은 어떠한 이치인지
연구할 사.

122. 조수왕래(潮水往來) 하는 것은 어떠한 이치인지
연구할 사.

123. 일월(日月)의 본래(本來)는 무엇인가 연구할 사.

124. 춘하추동(春夏秋冬) 되는 것은 어떠한 이치인지
연구할 사.

125. 구름은 어떻게 일어나는 것인지 연구할 사.

126. 안개는 어떻게 일어나는 것인지 연구할 사.

127. 비 오는 것은 어떠한 이치인지 연구할 것은
어떠한 이치인지 연구할 사.

129. 뇌성(雷聲)과 번개는 어떻게 일어나는 것인지
연구할 사.

130. 지진(地震)은 어떻게 되는 것인지 연구할 사.

131. 벼락 떨어지는 것은 어떠한 이치인지
연구할 사.

132. 느레(우박) 오는 것은 어떠한 이치인지
연구할 사.

133. 이슬 오는 것은 어떠한 이치인지 연구할 사.

134. 서리 오는 것은 어떠한 이치인지 연구할 사.

135. 무지개는 어떻게 되는 것인지 연구할 사.

136. 바람이라 하난 것은 어디로 좇아오는
것인지 연구할 사.

137. 일식(日食)과 월식(月食)되는 것은 어떠한
이치인지 연구할 사.

별첨2. 『박길선 일기(朴吉善 日記)』 기사(己巳) 6월 11일

소태산의 장녀 청타원 박길선이 기사년(1929년) 하선 때 기재한 일기이다. 원제목은 『어머니의 일기장』이다. 일기는 작업시간(하루 24시간 중 공부, 노동, 여기 등을 기재함), 수지대조(당일의 수입과 지출을 기재함), 그리고 일기를 기재했다. 일기의 내용은 심신작용을 처리한 내용(처리건) 혹은 감상이나 감각된 바(감각건)를 다루는데, 이 일기는 처리건을 기재한 것이다.

　　마지막에는 소태산의 일기에 대한 감정(勘定)을 보면, 일기 전체는 '상갑(賞甲)'인데, 시간은 '갑', 습자는 '갑', 그리고 처리가 2갑을 받았다.

기사(己巳) 6월 11일(한진경 역, 2001)

주야 24시 내에
6시는 잠자고,
8시는 공부하고,
3시는 밥 먹고,
3시는 노동하고,

4시는 놀았습니다.

(지출금은 30전이라.)

처리건

금일은 역경(경계) 하나를 당하였다.

역경(경계)의 사유.

아침 좌선을 하고 집에 갔다. 어머님께서 말씀하시기를 "내가 지심(김)을 매고 오정(午正)에 와서 빨래 풀을 하리라" 하신다.

이 말을 들은 나의 처리.

"어머니 일기(日氣) 극열(極熱)한데 지심 매시고 어찌 빨래 풀을 하리오. 저도 와서 조력치 못할 형편이 있습니다. 어제 일기를 짓다가 일기건이 많은 소치로 정한 시간에 못다 짓고 휴식 시간에 쓰려 하다가, 집에 와서 바쁜 일을 먼저 하고 나니 쓸 여가가 없어 못 썼으니, 부득이 오늘은 휴식 시간에 써 놓아야 오후에 일기 감정을 받겠습니다" 하고 급하지 않으니 명일(明日) 휴식 시간에 제가 와서 빨래풀을 하겠습니다" 하였다.

어머니 답, "형편대로 하자" 하시기에 저는 일 없이 알고 선방에 와서 오전 경전 시간을 파하고 나서 일기 쓰던 것을 몇 자 쓰는데, 집에서 오라 하신다 하기에 붓을 놓고 바삐 귀가하였다.

어머님 빨래 풀을 하시면서 화를 내신 듯 하다. 이 형편을 당한 나는 "어머니, 어찌 빨래 풀을 하셨습니까? 제가 아침에 말씀 여쭈지 않았어요. 오늘은 일기 쓰다 남은 것을 쓰겠다고 하지 않았어요" 하였다.

어머니, "공부하는 사람은 밥도 먹지 않고 공부를 하느냐?" 하신다.

이 말을 들은 나의 마음.
지난번에 어머니께서 몇 번을 역경 준 것이 생각나며 '시간은 얼마 남지 않았는데 이 빨래를 밟아 널고, 언제 일기를 쓸까?' 하고 급한 생각이 나면서 진심(眞心)이 났다.

그러나 어쩔 수 없이 어머니 일을 조력하고 바쁜 마음으로 점심을 먹지 않고 선방에를 오려하다가 한 취사(取捨) 하여보니, 내가 밥을 먹지 않으면 어머니가 화를 더 내실 듯하고 이 일기(日氣)가 극렬한데 더위가 들까하여 점심을 급하게 먹고 선방에 왔다. 일기 감정 시간이 당하여 여러 사람의 일기를 거반(居半) 감정한지라, 어찌 할 바를 모르고 급히 일기를 썼다. 이 경계를 당한 저의 폭폭함이 마지않았다. 그러자 한 취사를 하니, '공부가 무엇인가? 이런 역경에 대하여 참지 못하고 진심이 나니 이대로 나의 성질을 양성하면 나의 장래를 어찌하리. 나의 앞에는 이보단 몇 배나 되는 역경이 당할는지 모르는지라, 이제 이같이 작은 경계에 진심 나는 것을 보면 이후 큰 경계 당하면 어찌 될는지, 죽기까지나 안 할는지' 하고 '만일에 이 성질을 고쳐 처리하지 않으면 큰일이 날까도 염려되며 또는 이대로 행하면 공부하는 목적을 잃는 것이라. 우리의 공부는 모든 역경에 대하여 처리 잘하자는 것이라, 나의 비용을 쓰고 날을 보내어 선(禪)을 나고 법문을 듣는 것이 곧 이러한 경계 처리를 잘하자는 것이다. 만일에 이러한 경계를 잘 처리치 못하면 선(禪)비용을 쓸데없이 허비하는 것이며, 아버님 은혜를 보답하지 못하며, 나의 당장과 장래는 말할 수도 없이 악도에 떨어지겠다' 하는 생각이 나면서 진심이 차차 없어지고 안심이 되었습니다.

賞甲
시간 – 甲
습자 – 甲 (지출금이 빠졌으나, 장문에 착오가 없으므로 甲으로 정함)
처리 – 2甲

별첨3. 원각성존 소태산대종사 비명병서
(圓覺聖尊少太山大宗師碑銘竝序)

이 글은 정산종사가 지은 소태산 대종사의 비문이다. 앞에 장문의 서(序)와 마지막에 비명(碑銘)으로 구성되어 있다. 원각성존(圓覺聖尊)는 소태산의 시호이다. 소태산 대종사가 우주 자연의 정칙에 따라 정법회상 출현의 기연으로 이 땅에 오신 성자이며, 일원대도(一圓大道)의 바른 법을 펼친 '백억화신의 여래'이며 '집군성이대성(뭇 성자들의 가르침을 모아서 크게 이룩함)'의 성자임을 밝혔다. (국한문 혼용체로 쓰였는데, 한글로 옮기되 필요시 한자를 병기했다.)

대범, 천지(天地)에는 사시(四時)가 순환하고 일월(日月)이 대명(代明)하므로 만물이 그 생성의 도(道)를 얻게 되고 세상에는 불불(佛佛)이 계세(繼世)하고 성성(聖聖)이 상전(相傳)하므로 중생이 그 제도의 은(恩)을 입게 되나니 이는 우주자연의 정칙(定則)이다.

옛날 영산회상(靈山會上)이 열린 후 정법(正法)과 상법(像

法)을 지내고 계법(季法)시대에 들어와서 바른 도가 행하지 못하고 삿된 법이 세상에 편만하여 정신이 세력을 잃고 물질이 천하를 지배하여 생령의 고해가 날로 증심(增深)하였나니, 이것이 구주(救主)이신 대종사께서 다시 이 세상에 출현하시게 된 기연이다.

대종사의 성은 박씨요, 휘는 중빈(重彬)이요, 소태산(少太山)은 그 호이시니, 석존 기원 2918년 신묘 3월 27일에 전라남도 영광군 백수면 길룡리에서 탄생하시었다. 부는 박회경(朴晦傾), 모는 유정천(劉定天)이시요, 신라 시조왕 박혁거세의 후예이시다.

대종사 유시로부터 기상이 늠름하시고 도량이 웅대하시며 모든 사물에 매양 사색(思索)의 정신이 많으시고 한번 하기로 한 일은 아무리 어려운 일이라도 반드시 실천하는 용단력이 있으시었다. 9세시에 우주의 자연현상을 보시고 큰 의심이 발하시었으나 그 의두(疑頭)를 풀기로 한즉 생각이 막연하여 도저히 구경처(究竟處)를 해득(解得)하기가 어려우매 대종사의 우울하신 심경은 날이 갈수록 깊어지시사 처음에는 산신에게 다음에는 도사에게 의뢰를 구하여 보았으나 뜻을 이루지 못하시고 필경은 주소일념(晝宵一念)이 오직 한 의심뿐이므로 점점 계교돈망(計較頓忘)하는 삼매의 경계에 드시었으니 이 사이에 생활의 곤란과 심신의 피로는 이루 다 말할 수 없으시었다.

　26세 되시던 병진 3월 26일 이른 아침에 동천(東天)의 서광을 보시고 정신이 문득 상쾌해 지시며 적세(積歲)에 맺혔던 의두가 풀리기 시작하여 드디어 대각(大覺)을 이루시었다.

　대종사 대각을 이루신 후 전성(前聖)의 증오처(證悟處)를 참고하기 위하여 제가의 경전을 열람하시다가 금강경을 보시고 가라사대 "석가모니불은 진실로 성중성(聖中聖)이라"하시고 이에 부처님에게 연원을 정하시고, 다시 현 시국(時局)을 관찰하시매 세도(世途)가 이미 위기에 당하여 그 구제 사업이 시급함을 생각하시고 처음 9인 제자를 얻으사 최초법어를 설하신 후 영육쌍전의 기초를 닦기 위하여 먼저 저축조합을 설치하사 길룡리 해면의 간석지(干潟地)를 개척하시고 무아봉공(無我奉公)의 정신을 세우기 위하여 기도(祈禱) 서원(誓願)을 명하시었던 바 9인이 한 가지 혈인(血印)의 신성(信誠)을 바치었다.

　기미 8월에 2, 3제자를 다리시고 석장(錫杖)을 부안 봉래산에 옮기시어 5년간 주재하시며 교리제도의 초안을 대략 마치신 후, 갑자 4월에 하산하시어 총부를 차 신룡리에 건설하시고 불법연구회라는 임시명칭으로 교문을 공개하사 제자 수십 인으로 더불어 주경야독의 간고한 생활을 하여가며 교리훈련을 시작하시었나니 교리의 대강은 일원(一圓)을 최고 종지로 하여 이를 신앙의 대상과 수행의 표본으로 하는 동시에 천만 사리(事理)를 다 이에 통일하게 하시고, 사은사요(四恩四要)를 윤리로 하여 종전에 미달한 모든 윤리를 다 통하게 하시고, 삼학팔조(三學八條)를 수행으로 하여 종전에 편벽된 일체 수행을 병진하게 하시며, 다시 영육쌍전(靈肉雙全) 이사병행(理事並行) 처처불상(處處佛像) 사사불공(事事佛供) 무시선(無時禪) 무처선(無處禪) 등 대체(大諦)를 밝히사 사통오달의 원융한 도로써 모든 법을 간이능행(簡易能行)케 하신 것이다.

　　이와 같이 교리훈련을 실시하시는 일방, 다시 생활제도의 개선에 착수하사 허례산삭(虛禮刪削)과 미신타파며 자작자급과 수지대조 등 방법으로써 새로운 사업기초를 쌓으사 춘풍추우(春風秋雨) 20여 년에 숙야근간(夙夜勤懇) 하시와 일정의 압제와 싸워가며 모든 난관을 극복하시어 교단건설에 오로지 심혈을 다 하시더니 무상(無常)이 신속(迅速)하여 계미 5월 16일에 대중을 모으시고 생사진리의 대법문을 최후로 설하신 후 6월 1일에 열반상을 보이 시니 세수(世壽)는 53이요, 개법(開法)이 28년이었다. 때에 도중(徒衆)들은 반호벽용(攀號擗踊)하여 그칠 줄을 몰랐고, 일반사회의 차탄(嗟歎)하는 소리 연하여 마지아니하였으며, 허공법계와 삼라만상이 다 같이 오열(嗚咽)하는 기상을 보이었다.

　　그 후 교단은 한 결 같이 선사(先師)의 유업(遺業)을 이어

시국의 만난을 겪으며 대중이 일심동진(一心同進)하던 중 을유 8월에 민족이 해방이 되자 신생 국운의 발전과 아울러 교세가 점차 확창되매 병술 4월에 교명을 원불교(圓佛敎)라 정하고 이를 천하에 공시했다.

　오호라, 대종사께서는 일찍이 광겁종성(曠劫種聖)으로 궁촌변지(窮村邊地)에 생장하시어 학문의 수습이 없었으나 문리를 스스로 알으시고, 사장(師長)의 지도가 없었으나 대도를 자각하시었으며, 판탕(板蕩)한 시국을 당하였으나 사업을 주저하지 아니하시고, 완강한 중생을 대할지라도 제도의 만능이 구비하시었으며, 기상은 태산교악(泰山喬嶽) 같으시나 춘풍화기(春風和氣)의 자비가 겸전(兼全)하시고, 처사(處事)는 뇌뢰낙락(磊磊落落)하시나 세세곡절(細細曲折)의 진정을 통해 주시며, 옛 법을 개조하시나 대의는 더욱 세우시고, 시대의 병을 바루시나 완고(頑固)에는 그치지 않게 하시며, 만법을 하나에 총섭하시나 분별은 오히려 역력히 밝히시고, 하나를 만법에 시용하시나 본체는 항상 여여히 들어 내사, 안으로 무상묘의(無上妙義)의 원리에 근거하시고, 밖으로는 사사물물의 지류까지 통하시어 일원대도(一圓大道)의 바른 법을 시방삼세에 한없이 열으시었으니, 이른바 백억화신(百億化身)의 여래(如來)시요 집군성이대성(集群聖而大成)이시라, 영천영지(永天永地) 천만겁에 무량한 그 공덕을 만일(萬一)이라도 표기하기 위하여 이

원각성존소태산대종사비명병서

돌을 세우고 이 명(銘)을 지어 가로되,

월약종사 광겁종성 응화기연 구세도중

粵若宗師 曠劫種聖 應化機緣 救世度衆

자수자각 경로간난 건교사업 평지조산

自修自覺 經路艱難 建敎事業 平地造山

일원대도 만법지모 교문통달 중성공회

一圓大道 萬法之母 敎門通達 衆聖共會

입팔년간 숙야근간 천만방편 무량법문

廿八年間 夙夜懃懇 千萬方便 無量法門

법륜부전 불일중휘 인천함대 육중동귀

法輪復轉 佛日重輝 人天咸戴 六衆同歸

수긍삼제 횡변시방 우로지택 일월지명

竪亘三際 橫遍十方 雨露之澤 日月之明

무변공덕 표이사석 영천영지 모앙무극

無邊功德 標以斯石 永天永地 慕仰無極

원기(圓紀) 38년 4월 26일 입(立).

참고문헌

- 『주역』
- 『앙굿다라 니까야』
- 『중아함경』
- 『정법염처경』
- 『금강경』
- 『대방등대집경』
- 『육조단경』
- 『동경대전』
- 『정전』,『대종경』,『정산종사법어』(원불교정화사 편,『원불교전서』, 원불교출판사)
- 『시창 13년도-15년도 사업보고서』(영인본)
- 『시창 25년도 사업보고서』
- 정 산(1937),「불법연구회창건사」,『회보』제26~37호(연재)
- 정 산(1937),「일원상에 대하여」,『회보』제38호.
- 박광전(1938),「일원상과 인간의 관계」,『회보』제46호.
- 서대원(1938),「일원상의 유래와 법문」,『회보』제54호-제56호.
- 권동우(2021a),「'법인기도의 근현대 종교사적 의의-소태산의 문명론을 중심으로」,『원불교사상과 종교문화』82, 원광대학교 원불교사상연구원.
- 권동우(2021b),「'유사종교해산령'의 실체에 관한 연구: '무극도(無極道)' 사례를 중심으로」,『한국학』44-4, 한국학중앙연구원.
- 박용덕(2022a),『소태산박중빈 불법연구회 1, 구도과정과 도덕공동체 설립 준비』, 여시아문.
- 박용덕(2022b),『소태산박중빈 불법연구회 3, 신룡벌, 도덕공동체 터전의 확립』, 여시아문.

- 박용덕(2022c), 『소태산박중빈 불법연구회 4, 일제 수난과 대응』, 여시아문.
- 박장식(2006), 『평화의 염원』, 원불교출판사.
- 방길튼(2016), 『소태산! 서울 경성을 품다』, 원불교출판사.
- 백낙청(2021), 『근대의 이중과제와 한반도식 나라만들기』, 창비.
- 벽 공(2012), 『동아시아 비구니 교단의 역사』, 조계종출판사.
- 길희성(2021), 『종교에서 영성으로: 탈종교 시대의 열린 종교 이야기』, 동연.
- 이방원(2018), 「전쟁고아의 어머니, 황온순(1903~2004)의 아동복지활동」, 『서울과 역사』 99, 서울역사편찬원.
- 이용호(2020), 『동학·천도교와 기독교의 갈등과 연대, 1893-1919』, 푸른역사.
- 이혜화(1991), 『소태산 박중빈의 문학세계』, 깊은 샘.
- 이혜화(2018), 『소태산 평전』, 북바이북.
- 임병학·염승준(2023), 불법연구회 一圓八卦圖의 내력과 역철학적 의미, 『원불교사상과 종교문화』 95, 원광대학교 원불교사상연구원.
- 장진영(2019.) 「자비와 은혜: 모두가 행복한 자리이타의 길」, 『덕목별 마음도야론』, 공동체.
- 허 수(2022), 「근대 전환기 동학·천도교의 개벽론: 불온성과 개념화의 긴장」, 『개벽의 사상사』, 창비.
- 존 네이스비트 저, 정성호 역(1997), 『글로벌 패러독스』, 한림미디어.
- 폴 케네디 저, 이일주 등 역(1990), 『강대국의 흥망』, 한국경제신문사.
- Dalai Lama, Norman Alexander(2011), *Beyond Religion: Ethics for a Whole World*, Houghton Mifflin Harcourt (HMH)
- 오강남, 「표층종교에서 심층종교를 향하여」, 『불교평론』(2022.7.8.)(http://www.budreview.com)

종교문해력 총서 5 원불교

일상에서 찾은 원불교의 영성
소태산이 밝힌 정신개벽의 길
©장진영, 2024

2024년 3월 8일 초판 1쇄 발행

지은이 장진영
발행인 박상근(至弘) • 편집인 류지호 • 상무이사 김상기 • 편집이사 양동민
책임편집 최호승 • 편집 김재호, 양민호, 김소영, 하다해, 정유리 • 디자인 쿠담디자인
제작 김명환 • 마케팅 김대현, 김선주, 이선호 • 관리 윤정안
콘텐츠국 유권준, 정승채, 김희준
펴낸 곳 불광출판사 (03169) 서울시 종로구 사직로10길 17 인왕빌딩 301호
　　　대표전화 02) 420-3200 편집부 02) 420-3300 팩시밀리 02) 420-3400
　　　출판등록 제300-2009-130호(1979. 10. 10.)

ISBN 979-11-93454-62-6 (04200)
ISBN 979-11-93454-57-2 (04200) 세트

값 20,000원

잘못된 책은 구입하신 서점에서 바꾸어 드립니다.
독자의 의견을 기다립니다. www.bulkwang.co.kr
불광출판사는 (주)불광미디어의 단행본 브랜드입니다.

__ '종교문해력 총서'는 재단법인 플라톤 아카데미의 지원을 받아 발간되었음 __